Wolf Lotter
Die kreative Revolution

Wolf Lotter

Die **kreative Revolution**

Was kommt nach dem
Industriekapitalismus?

Mit Beiträgen von
Lutz Engelke, Peter Felixberger,
Dieter Gorny, Matthias Horx,
Ralf Langwost und Gesa Ziemer

MURMANN

Die Deutsche Bibliothek – CIP-Einheitsaufnahme
Ein Titelsatz für diese Publikation ist bei
der Deutschen Bibliothek erhältlich.
ISBN 978-3-86774-062-3

1. Auflage, Januar 2009

Copyright © 2009 by Murmann Verlag GmbH, Hamburg

Umschlaggestaltung: Rothfos & Gabler, Hamburg
Herstellung und Gestaltung: Eberhard Delius, Berlin
Satz: Reihs Satzstudio, Köln
Gesetzt aus der Minion und der Rotis
Druck und Bindung: Freiburger Graphische Betriebe, Freiburg
Printed in Germany

Besuchen Sie uns im Internet: www.murmann-verlag.de
Ihre Meinung zu diesem Buch interessiert uns!
Zuschriften bitte an **info@murmann-verlag.de**

Den Newsletter des Murmann Verlages können Sie anfordern unter
newsletter@murmann-verlag.de

Inhalt

Vorwort

Revolutionen, so scheint es, sind stets Umbrüche mit klaren Konturen. Auf den ersten Blick, doch eigentlich war keine einzige so. Nicht mal die größte und bekannteste, die Französische Revolution, begann 1789 mit Paukenschlägen und Trompeten. Allmählichkeit, ja fast ein unscheinbares Sich-entwickeln-Können sind Merkmale jeder Veränderung – auch der grundlegenden. Allenfalls Chronisten machen daraus Schnappschüsse der Geschichte.

Wo leben wir? Fragen wir die Fernsehnachrichten. In einem »Industriestaat«, heißt es da. Die »westlichen Industriestaaten« sind unsere Verbündeten, und die neuen »Industriestaaten« wie China und Indien sind die Herausforderer. Industrie? Ach was. Industrie, das war einmal. Nur unsere Köpfe, ganz besonders deutsche Köpfe, sind voll mit Industriedenken. Keine Idee, wie es anders ginge? Doch, aber sind nicht alle großen Erfolge auf dem Fundament der Industrie geschaffen worden?

Ja. Einerseits. Wohlstand und Wirtschaftswachstum verdanken wir der Industrialisierung. Aber auch die Krisenanfälligkeit des Kapitalismus, die zum Monopol neigenden Märkte und eine ungeheure Verschränkung zwischen Konzernwirtschaft und Politik. Wir müssen neu denken.

Die Welt hat sich gedreht: Ideen sind heute wertvoller als Produkte. Allerdings ist diese »Welt«, das heißt die Verfassung von Arbeit, Gesellschaft, Wirtschaft und Organisationen, die Art und Weise, wie wir uns bilden und ausbilden, immer noch auf einem Auge blind: Alles orientiert sich an den vergangenen Erfolgen der industriellen Ökonomie, des Industriekapitalismus. Keine andere Form des Wirtschaftens hat in der Menschheitsgeschichte solche Erfolge feiern können wie diese Epoche. Dementsprechend stark ist ihr Echo, auch wenn der Ruf sich längst geändert hat: Seit Mitte des 20. Jahrhunderts verdrängen Dienstleistungen zunächst klassische Industriearbeit, und nun wird offensichtlich, dass Ideen wichtiger sind als Produkte.

Dieses Buch hat eine einzige Aufgabe: Es will zeigen, wo die Ideenwirtschaft, die kreative Ökonomie, die manche auch Wissensgesellschaft nennen, steht, welche Paradigmenwechsel anstehen und wie anders wir denken müssen, um diese Welt, die längst existiert, nicht als chaotische Bedrohung zu verstehen, sondern zu nutzen.

Dies ist zugegebenermaßen keine einfache Übung. Denn mit einem Bein stehen wir in der Kultur des Industrialismus, mit dem anderen tasten wir uns langsam in die Wissensgesellschaft vor, jene neue Form von Gemeinwesen, die sich durch die Ideenwirtschaft bildet. Viele Versuche sind unternommen worden, diese Welt zu beschreiben. Vergeblich. Das Vorhaben, einen Plan für diese Welt zu schaffen, muss scheitern. Sehr wohl aber ist es möglich, seinen Kopf und seine Aufmerksamkeit auf die Eigenheiten der Ideenwirtschaft zu lenken und damit allmählich, Schritt für Schritt, aus der industrialistischen Denkecke herauszukommen.

Schon das Lesen dieses Buches ist eine Herausforderung – auch für all jene, welche die Zeichen der Zeit bereits verstanden haben und die Vielfalt und Verschiedenartigkeit der neuen Wirtschaft der Ideen aufnehmen wollen. Es wäre albern, die offensichtlichen Unterschiede glätten zu wollen. Denn auch für die Leser in der neuen Zeit gilt, was für die Protagonisten der Ideenwirtschaft als einzige Richtschnur des Handelns von Bedeutung ist: Hebe den Unterschied hervor. Nivelliere ihn nicht. Du lebst davon.

Deshalb enthält dieses Buch keine geglättete Methode, kein Heilsversprechen und kein Dogma, keine einfache Betriebsanleitung für das, was Ideenwirtschaft ist. Es beschreibt aus der Position von insgesamt sieben Vertretern der Kreativwirtschaft und Kreativitätsforschung Zugänge. Die Beiträge sind Vorschläge, die dem Leser keine Entscheidung abnehmen.

Rechnen Sie mit dem Unterschied. Und rechnen Sie damit, dass Sie in diesem Buch auch scheinbar Widersprüchliches lesen werden. Um Widersprüche geht es ja gerade. Einer der fatalsten Systemfehler des Industriekapitalismus ist seine Gleichmacherei, seine auf einen Standard, eine Meinung – auf geistige Reproduktion – abzielende Grundhaltung. Deshalb wiederholt diese Form von Ökonomie ihre Fehler immer wieder. Dagegen sollten wir endlich anfangen, in Alternativen zu denken, die gleichwertig sind.

In den unterschiedlichen Beiträgen spiegelt sich das wichtigste Kapital der Ideenwirtschaft: Vielfalt. Auch der Meinungen natürlich.

Sie lesen meinen Essay über die Ideenwirtschaft, die kreative Revolution, der sich zentral mit den Unterschieden zwischen »alter« Industriewirtschaft und neuer Kreativwirtschaft beschäftigt. Sechs Kollegen waren bereit, in eigenen Beiträgen ihren Standpunkt klarzumachen: Gesa Ziemer, Ralf Langwost, Matthias Horx, Dieter Gorny, Lutz Engelke und Peter Felixberger.

Diese Beiträge sind die Antwort auf eine einfache Frage an die Autoren: Was ist Ihnen wichtig, wenn Sie die Ideenwirtschaft definieren? Ich bat um Standpunkte und Standorte. Das Ergebnis, so scheint mir, ist deutlich authentischer, nützlicher und spannender, als es jede »Gemeinschaftsarbeit« hätte sein können, bei der die Eck- und Zielpunkte einer Idee, also eines Textes, straff definiert werden. Ohne Schere im Kopf, wie jeder der Autoren es sieht, sollten die Texte sein. Was den Autoren wichtig erschien, floss in dieses Buch mit ein. Das ist, wie ich meine, der eigentliche Kern, der die Welten und Kulturen der Menschen, die heute an der Ideenwirtschaft arbeiten, am klarsten und eindrucksvollsten zum Ausdruck bringt. Es geht um Ideen, die immer sehr persönliche Denkanstöße sind.

So sollte es auch weitergehen mit der Ideenwirtschaft. Wer offene Konzepte und Meinungsvielfalt mit Chaos verwechseln will, dem wird dieses Buch nicht helfen, und der wird sich auch in den neuen Zeiten nicht wohlfühlen.

Management ist heute die Kunst, mit Überraschungen umzugehen. Wem es gelingt, aus dem, was andere verstört, einen Nutzen zu ziehen, und wer diesen Nutzen erklären kann, der ist im Zeitalter der Ideenwirtschaft gut aufgehoben.

Die alten Bosse gehören kaum dazu. Schon jetzt zeigen sich die Schwächen klassischer betriebswirtschaftlicher Methodik an allen Ecken und Enden. Es genügt einfach nicht mehr, ein mehr oder weniger großes kreatives Potenzial bei Mitarbeitern und Zulieferern zu »verwalten«. Der

Manager der Ideenwirtschaft wird selbst wieder ein »playing captain« sein müssen, ein Spielmacher.

Ich danke allen, die den Mut hatten, an diesem Projekt mitzumachen. Meinen Koautoren, ganz besonders Peter Felixberger, der wesentlich am Gesamtkonzept und an der inhaltlichen Ausrichtung beteiligt war.

Besonderer Dank gilt auch meinen Kollegen von brand eins, die im Laufe der Jahre viele wertvolle Diskussionen und Ideenimpulse für dieses hier vorliegende Buch geliefert haben, sowie meinen Lesern, die freundliche Kritik immer mit einem Schuss neuer Ideen vorbringen.

Und natürlich dem Murmann Verlag, der den Mut hat, dem Neuen die Tür zu öffnen.

Jetzt sind Sie an der Reihe.

1

Die Ideenwirtschaft oder Was wir wissen müssen

Jeder Mensch ist kreativ. Das sagt sich leicht. Warum? Weil Kreativität, die Grundlage der Ideenwirtschaft, bisher kaum ernst genommen wurde. Sind wir alle gleich klug? Gleich schön? Gleich groß oder klein? Nein. Die erste Lektion zur Ideenwirtschaft heißt: Schätze den Unterschied!

Did you know – Wussten Sie schon? Diese Frage wird immer wichtiger. Sie steht am Anfang der Wissensgesellschaft und ist von entscheidender Bedeutung. Denn Nachfragen führt zu neuen Ideen, die wiederum die Wirtschaft des 21. Jahrhunderts bestimmen werden.

»Did You Know« ist auch der Name eines bemerkenswerten Projektes an der Arapahoe High School in Centennial im US-Bundesstaat Colorado. Im Jahr 2006 bastelte der Lehrer Karl Fisch mit seinen Schülern eine bemerkenswerte kleine Computer-Präsentation, die ihren Weg schnell ins Internet fand und seither von Millionen Menschen gesehen wurde. Der Grund für den Erfolg der Schülerarbeit liegt sicher nicht nur im ansprechenden Design der Seite.

Es sind vielmehr die Fragen, die so lange keiner gestellt hat, die Feststellungen und Schlüsse, die man daraus ziehen muss. Fragen, die sich Schüler und Lehrer in Centennial stellen und anderswo, Fragen indes, die in der klassischen Welt des Managements und der Gesellschaft immer noch nicht angekommen sind.

Wussten Sie etwa, was wir von »Did You Know« wissen, nämlich dass Schüler von heute in ihrem Leben bis zu 14 Jobs haben werden, wie eine ansonsten wenig beachtete Perspektivstudie des US-Arbeitsministeriums dokumentiert? Oder dass sich die schiere Menge an technischer Information alle zwei Jahre verdoppelt und diese Quote weiterhin steigt? Dass sich bereits im Jahr 2010 die Zahl der verfügbaren Informationen in allen uns zur Verfügung stehenden Medienformen und Netzwerken im lächerlich geringen Zeitraum von nur 72 Stunden verdoppeln wird? Und vielleicht bei den Superlativen das Wichtigste: Dass die zehn meistgefragten Berufe in den USA im Jahr 2010 – und das gilt analog auch für Europa – im Jahr 2004 noch gar nicht existierten?

All das ist, wie vieles in diesem Buch, kein Geheimwissen und auch nicht wirklich neu. Es wurde nur im hektischen Treiben der alten Wirtschaft übersehen. Parallel hat sich längst eine völlig neue Ökonomie aufgebaut, deren Strukturen sich vom industriellen Kapitalismus deutlich unterscheiden.

Gewiss: Der hält, politisch und kulturell, noch die Zügel in der Hand. Wir leben jedoch in Zeiten der Transformation: Es gelten sowohl die Regeln der alten Ökonomie als auch der neuen Wirtschaft.

> *Wir stehen mit einem Fuß in der alten,*
> *mit dem anderen in der neuen Welt. Das ist auf Dauer*
> *ein anstrengender Spagat.*

Ist die Ideenwirtschaft klar konturiert? Nein. Es gibt grundlegende »Gesetze«, aber es gibt keine umfassende Methode. Wir stehen alle am Anfang. Es gibt viele Wege in die Zukunft. Dieses Buch will deshalb auch ein Scout sein, erklären, was heute schon erkennbar ist, worüber man reden sollte, welche Unterschiede sich zwischen den klassischen und neuen Formen der Wirtschaft auftun.

> *Wirtschaft ist nie Wirtschaft allein. Kunst, Kultur, Gesellschaft,*
> *Soziales – alle Schubladen von gestern – fließen in ein neues*
> *Ganzes. Das heißt vor allem: Wir müssen die Fähigkeit, Unter-*
> *schiede zu sehen und zu akzeptieren, sehr viel genauer ausbilden,*
> *als es heute der Fall ist. Die Ideenwirtschaft lebt von ihrer Vielfalt.*

Wer dies nur als Schlagwort begreift, wird die künftige Ideenwirtschaft nicht in vollem Umfang nutzen können.

Ideenwirtschaft ist aber, bei aller Komplexität, die sie mit sich bringt, deutlich robuster als die alten, miteinander eng vernetzten ökonomischen Systeme. Weltweite Finanzkrisen wie jene, die 2008 begann, sind immer ein Zeichen für eine hohe Systeminstabilität. Das System der alten Wirtschaft ist in sich labil. Was es braucht, sind viele tragfähige Subsysteme, die in der Ideenwirtschaft ganz natürlich entstehen. Der Vergleich mit der Knotentechnik des Internets drängt sich auf: Nicht ein großer Computer organisiert den weltweiten Datenaustausch, sondern eine Vielzahl kleiner Systeme. Fällt eines aus, ist das nicht das Ende der Welt. Dieses Wissen hat sich verbreitet.

Was ist Kreativität wert? Schon diese simple Frage ist scheinbar schwer zu beantworten. Wir wissen, was Arbeitszeit wert ist. Eigentlich wissen wir das auch nicht so genau, wir tun nur so. Im Industrialismus wurde der Tag in drei Einheiten zerlegt, 24 Stunden im Achtstundentakt: Schlaf, Arbeit, Freizeit.

Es ist einfach, einen Arbeiter nach der Zahl der an seinem Arbeitsplatz verbrachten Stunden zu honorieren. Einfach für alle: Denn es lässt sich mühelos kalkulieren, was es heute – und in einiger Zeit – kostet, wenn jemand nach zeitlicher Leistung bezahlt wird. Und natürlich ist dies auch auf die Errechnung von Leistungslohn zu übertragen. Ein Arbeiter (oder Angestellter), der soundso viele Werkstücke oder Aufträge erledigt, wird entsprechend seiner erbrachten Leistung bezahlt. Der Haken bei diesen beiden heute verbreiteten Bewertungskriterien für Lohn ist aber, dass nichts über die Qualität der Arbeit ausgesagt wird, von bestehenden Mindestanforderungen einmal abgesehen.

Die Frage ist also ganz einfach: Wie bemessen und wonach bezahlen wir »das Bessere«, von dem seit Jahren alle Welt redet? Dieses »Bessere« ist nämlich die Grundlage höherer Produktpreise und auch der Honorierung von Service- und Dienstleistungen, die wir gegenüber den mit uns im Wettbewerb stehenden Industriestaaten Asiens, vor allem Chinas, immer ins Treffen führen? Was ist Qualität? Diese Frage ist sehr nahe an der gesamten Fragestellung zur Ideenwirtschaft.

Nehmen wir an, ein Werbetexter namens Jack hat eine brillante Idee. Ein Claim, ein Werbespruch, der so gut ist, dass damit innerhalb kurzer Zeit der Absatz des beworbenen Produkts um 50 Prozent nach oben geht. Was ist Jacks Idee wert?

Qualität ist ein Schlüsselbegriff der Ideenwirtschaft.

Wir könnten sagen: Nun, er soll einen gerechten Anteil an den Gewinnen bekommen, die durch seinen tollen Spruch hereingekommen sind. Aber so ticken wir nicht. Wir bezahlen Jack entweder als Angestellten, und für einen Superspruch bekommt er keine Extras. Oder aber wir meinen, Jack kann nicht in fünf Minuten die Idee für solch einen genialen Spruch gehabt haben, und verlangen von ihm einen detaillierten Nachweis über seinen Zeitaufwand.

Wenn Jack sagen würde: Ich habe nur fünf Minuten für den Slogan gebraucht, der Kunde verdient damit aber 250 Millionen, deshalb möchte ich wenigstens ein Prozent des neuen Umsatzes als Honorar – die meisten Auftraggeber würden sich einfach an die Stirn tippen und meinen, der Kerl sei übergeschnappt. Warum? Weil viele nicht gelernt haben, dass es nicht darum geht, wie lange eine kreative Tätigkeit dauert oder was zu ihr geführt hat. Es geht um Leistung. Ideenleistung ist keine Frage der Stechuhr.

Kreative Arbeit zeichnet sich dadurch aus, dass sie nicht mit den Maß- und Standardkriterien der Industriegesellschaft bewertet werden kann.

Jetzt seufzt der Disponent – wie soll er das denn kalkulieren? Gar nicht – er soll vertrauen. Darauf, dass Leute, die etwas voranbringen wollen, dafür auch etwas tun. Das heißt, dass wir umdenken müssen, um kreative Arbeit und ihren Preis richtig beurteilen zu können. Ob ein Schriftsteller seinen Bestseller in drei Jahren oder drei Wochen geschrieben hat, ist uns bereits egal – was zählt, ist das Resultat. Und dieses Resultat lässt sich vielfach verwerten: Es lässt sich in viele Sprachen übersetzen, kann

Wolf Lotter

zum Drehbuch umgearbeitet oder Grundlage für eine Fernsehserie, für ein Computerspiel und für eine Menge Begleitprodukte werden.

In der Industriegesellschaft, in deren letzten Ausläufern wir heute leben, spielen solche Fragen nach wie vor kaum eine Rolle. Einzig die wichtigste Branche lässt sich davon vorantreiben, und das seit langem: die gesamte Unterhaltungsindustrie, die Computer- und Softwareproduktion, die Ideenwelt des Internets – sie alle sind kreative Segmente, in denen andere Regeln gelten als in der Welt, die sich nach Arbeitszeit und Anwesenheit, Stückzahlen und Köpfen bemessen lässt.

Ideen sind Ausgangspunkte ökonomischer Verwertungen.

Kreativität selbst wurde und wird in der Industriegesellschaft als Störfaktor betrachtet, bestenfalls als schmückendes Beiwerk zum eigentlichen »Ernst des Lebens«.

Was für eine merkwürdige Sichtweise!

Kreativität ist immer eine elementare menschliche Eigenschaft gewesen, und selbstverständlich waren Ideen auch in der Industriegesellschaft der treibende Faktor aller Entwicklungen. Nur: Die Verwaltung der Ideen hat längst überhandgenommen. Aus Ingenieuren, die früher als Erfinder den Prototyp des Kreativen darstellten, sind heute vielfach nur mehr die Lordsiegelbewahrer von starren Normen und Standards geworden. Diese Entwicklung führt zu einer Verflachung der Innovationskraft. Die Flut an Produkten, die sich ähneln und nur mehr vom Endpreis her differenzierbar sind, spricht dafür.

Ideen lösen Probleme.

Das ist ein Kernsatz dieses Buches und der Ideenwirtschaft überhaupt. Im Kontext einer evolutionären Betrachtungsweise sind Ideen (beziehungsweise das Schöpferische, die Kreativität) nichts weiter als der echte Mehrwert, den wir Menschen gegenüber anderen Lebensformen haben. Unser Bewusstsein erlaubt es, über Probleme nachzudenken. Dabei entstehen Lösungsmodelle. Das sind Ideen. Das ist Kreativität. Oft folgen

Ideen äußerem oder innerem Druck – Not macht erfinderisch, sagen wir dann. Ideen machen die Welt besser.

Sind Sie auf dem Weg in die Wissensgesellschaft, deren Organisationsform die Creative Economy sein wird, die mit Ideen statt mit immer mehr vom Gleichen Geld verdient, schon einen Schritt weiter? Sind Sie offen dem Neuen gegenüber, auch wenn es zu Brüchen mit alten Gewohnheiten führt? Sind Sie bereit, neu zu denken? Und sind Sie, für den Anfang, auch bereit, so radikal zu denken, dass Ihnen Begriffe wie Kreativität und Kreativwirtschaft nicht einfach als modische Schlagworte erscheinen? Die vorliegende Auseinandersetzung mit der Ideenwirtschaft wird zu Desillusionierungen führen, auf deren Grundlage aber neue Chancen und Möglichkeiten erkannt werden können. Diese wie überhaupt der Status quo der kreativen Ökonomie wird in den Fachbeiträgen beleuchtet werden. Das Gesamte steht unter dem – unausgesprochenen – Untertitel: »Did you know?« – Wussten Sie schon?

2

Die Schöpfung
oder Was sind kreative Berufe?

Creative Economy, Kreativwirtschaft, kreative Ökonomie, Ideenwirtschaft, Kulturwirtschaft, Kunstbetrieb ... Alle diese Begriffe mögen sich ähneln, meinen aber nicht dasselbe. Sie alle stehen für Unternehmen und Organisationen, die etwas »Kreatives« herstellen oder in Umlauf bringen, einschließlich aller »künstlerischen Berufe«, also Maler, Dichter, Regisseure, Bildhauer, Komponisten, Sänger. Die Rede ist von den Unternehmen der Kulturwirtschaft, die den Begriff der kreativen Organisation wesentlich geprägt haben. Eindeutig definiert ist aber auch dieser Begriff nicht, denn welches Gut und welche Dienstleistung könnte nicht auch als kulturelles Produkt gesehen werden? Alles, was die materielle und immaterielle Warenwelt ausmacht, könnte auch in diese Definition gepresst werden. Denn ganz gleich, was Menschen machen, in jedem ihrer Produkte und in jeder Idee spiegeln sich Kultur und Tradition wider. Aber genügt das? Zur klassischen Kulturwirtschaft zählen heute folgende Teilbereiche:

Wir müssen unseren Horizont erweitern, wenn wir über die Ideenwirtschaft reden. Nicht nur Künstler sind kreativ.

1. Verlagsgewerbe und Musikindustrie;
2. Filmwirtschaft und TV-Produktion;
3. Rundfunk und Radio;
4. darstellende Kunst, bildende Kunst, Literatur;
5. Journalismus (Verlage, Agenturen und Redakteure);

6. Museen, Galerien, Kunstausstellungen;
7. der angeschlossene Handel mit Büchern sowie Kunst- und Kultur-
gegenständen;
8. Architekturbüros;
9. Designbüros.

Nach etlichen Grundsatzdebatten fügte man schließlich – und nicht ohne Gewürge in den betroffenen Feldern – noch eine zehnte Branche hinzu: die Werbung, und, weil es sich nicht vermeiden ließ, als elfte auch die Software- und Game-Produktion. Allein die Debatten, die im »kulturellen Milieu« über die letzten beiden Branchen geführt wurden – »Darf man die kreativ nennen?« –, zeigen, wie kurz die Wegstrecke ist, die wir beim Erkennen des kreativen Potenzials bisher zurückgelegt haben.

Es geht um eifersüchtiges Verteidigen einer als besonders hochwertig erachteten Tätigkeit, des selbständigen geistigen Schaffens, also der kreativen Schöpfung, gegenüber der »schnöden«, auf Gewinn ausgerichteten Ware. Einerseits. Andererseits sind die Konzepte, die in jüngster Zeit eine radikale Erweiterung des Kreativwirtschaftsbegriffs fordern – vor allem Charles Leadbeaters Ideen zu einer »Creative Industry« –, ganz offensichtlich nicht sehr tragfähig.

Nach wie vor liegt bei solchen Debatten der Fokus auf Kunst. Kunst ist seit dem industriellen Zeitalter etwas, was man haben kann, aber nicht muss. Nichts existenziell Notwendiges. Und genau deshalb steht das hier am Anfang dieses Buches: Es geht in diesem Zusammenhang um etwas Essenzielles, ohne dabei eine Kunst- oder andere Grundsatzdebatte vom Zaun brechen zu wollen. Es geht, wie die Kulturwirtschafter längst wissen, um den Nukleus allen Seins. Die Idee. Denn ohne Ideen sind ab sofort nicht nur Regisseure und Autoren, Filmemacher und Maler, Literaten und Bildhauer und alle anderen Künstler aufgeschmissen, sondern auch Leute wie du und ich – deren Ambitionen, »Künstler« zu werden, sich bisher in mehr oder weniger engen Grenzen gehalten haben.

Werden wir alle Künstler? Nein, um Gottes Willen.

Wir müssen nur lernen, kreativ zu werden – und diese Kreativität

Wolf Lotter

nicht als ein Werkzeug unter vielen zu begreifen, sondern als Ausdruck unserer Unverwechselbarkeit, als Summe der Talente und Fähigkeiten, die wir anbieten können. Das heißt auch: Wir müssen vieles von dem, was wir gelernt haben, wieder »ent-lernen«. So wie es der Münchener Soziologe Armin Nassehi sagt: »Nicht-Wissen ist für Intellektuelle und Wissensarbeiter genauso wichtig wie Wissenserwerb.« Nichtwissen treibt an: Es zeigt, dass es da noch etwas geben muss, eine Lösung.

Das ist eine grundsätzlich andere Haltung als die, die wir aus der reproduzierenden Wirtschaft kennen. »Ich weiß, dass ich nichts weiß«, das von Platon seinem Lehrer Sokrates in den Mund gelegte Wort, ist das Axiom für den Erkenntnisgewinn. Und der ist letztlich nichts weiter als die Fähigkeit, ein Problem zu lösen. Das gilt in der Philosophie genauso wie im Automobilbau. Nichtwissen heißt natürlich nicht: nichts wissen. Im Gegenteil. In keinem Fall darf man die neuen Regeln der Ideenwirtschaft so verstehen, dass man auf gesichertes Wissen, etwa jenes aus der Naturwissenschaft, einfach verzichten soll. Aber diese Form von Wissen ist nichts weiter als eine Basis, die sich übrigens durch neue Einsichten weiter verändert. Es ist eine Hilfskonstruktion, auf der wir mal sicherer, mal wackeliger stehen. Aber kein Dogma. Nichts ist rückwärtsgewandter als die Annahme, dass etwas, was wir wissen, auf ewig gilt. Für den Transfer von der Industrie zur Ideenwirtschaft gilt das besonders.

Wer die Methoden von gestern auf morgen anwenden will, wer also nicht »vergisst« und neue Regeln und Methoden schafft, der bleibt dort, wo er ist. Deshalb: Vergessen wir die hübschen, aber nur theoretisch interessanten Definitionsversuche und erklären jetzt, was es mit der Creative Economy auf sich hat. Das wäre:

> *Kreative Tätigkeit ist ihrem Wesen nach Ideenarbeit.*
> *Eine Idee ist eine originäre, nicht beliebig reproduzierbare,*
> *unverwechselbare Wissenseinheit.*

Dieses Buch will den Kreativitätsbegriff aus dem Vagen und Unbestimmten, dem Nivellierenden und Verallgemeinernden heben. Denn nur wer die Unterschiede zwischen industrieller Organisation und Wissensorganisation begreift, wird die Potenziale der Kreativwirtschaft auch nutzen können.

Dazu ergänzen wir die erste Definition um zwei wichtige Regeln:

*Kreativität
ist keine Kunst.*

und

*Der Begriff Kreativitäts-
industrie ist ein Widerspruch in
sich. Und doch wieder nicht.*

Industrie bedeutet im lateinischen Ursprung so viel wie »betriebsam« und »fleißig«. Dagegen ist auch in Zeiten der Ideenwirtschaft nichts zu sagen. Es wird viel Fleiß brauchen, um aus der Fülle der Ideen die richtigen und anwendbaren herauszufinden. Und betriebsam ist die Ideenwirtschaft in jedem Fall. Der Begriff Creative Industries führt indes ein wenig in die Irre. Er wurde vor allem durch die Arbeiten von Charles Leadbeater bekannt, dem Exberater des ehemaligen britischen Premierministers Tony Blair.

Warum ist der Begriff missverständlich?

Industrie verstehen wir nach wie vor als jenen Sektor, in dem reproduziert wird. Was wir meistens dabei vergessen: Ohne Ideen ist keine Reproduktion möglich, eigentlich ganz klar. Industrie war immer ideengetrieben. Aber in den Vordergrund traten im Laufe der Jahre bürokratische Verwaltungsjobs – das Management. Der Manager ist vielfach nur mit der Organisation des Bestehenden beschäftigt. Wir nennen es Bürokratie.

Das befördert nicht nur einen bestimmten Charaktertypus in hohe ökonomische »Ämter«, sondern vernachlässigt auch die Tatsache, dass ausgerechnet Industrien heute sehr kreativ sein müssen, um im Wettbewerb Schritt halten zu können. Es sind deshalb vor allem große Industrieunternehmen, die zu den interessierten Beobachtern der Ideenwirtschaft gehören. Es ist also nicht so einfach, hier in Schwarz und Weiß zu trennen. Mehr noch, es wäre auch falsch.

Wolf Lotter

Demgegenüber sind nicht wenige Dienstleistungsunternehmen deutlich »industrieller« verfasst – sie kopieren die alten Strukturen, die in der eigentlich gemeinten Welt, der Industrie, schon nicht mehr gelten. Sie sind konservativ. Der Unterschied aber ist trotzdem vorhanden. Es ist ein kultureller Unterschied, der sehr viel ausmacht.

Hier kommen wir schon nahe an ein wesentliches Missverständnis heran, das wir ausräumen müssen. In der alten, in der industriell verfassten und gedachten Ökonomie, die unsere Kultur bis heute prägt, ist »kreativ« gleichbedeutend mit etwas, was man zur Zerstreuung, Unterhaltung oder zur Erbauung macht – als Produzent wie als Konsument. Kreativität hat irgendetwas mit Kunst zu tun, könnte man sagen. Wer es sich leisten konnte, der war neben einer anstrengenden Tätigkeit als Anwalt, Zahnarzt, Manager oder Unternehmer irgendwie noch ein bisschen kreativ. Und er konsumierte dort, wo die klassischen Hersteller von »kreativen« Leistungen etwas anboten: ein Konzert, ein Theaterstück, ein Bild oder eine Zeichnung. Wie aber ist es zu erklären, dass beispielsweise in den USA nahezu 50 Prozent aller Unternehmen bereits zur Creative Economy gezählt werden?

Hoppla, Methoden oder: So kann man sich irren.

Im 2008 erschienenen »Creative Economy Report 2008« der UNCTAD (United Nations Conference on Trade and Development) steht, dass sich zwischen 1996 und 2005 der »Weltmarkt für Güter und Dienstleistungen« fast verdoppelt hat. Das »kreative« Volumen wuchs von 227,4 auf 424,4 Milliarden US-Dollar. Immerhin: Das sind 3,4 Prozent des gesamten Welthandels. Und gleichsam schreiben die Verfasser Europa das größte Potenzial bei dieser Entwicklung zu. Gut 50 Prozent aller Umsätze mit »kreativen« Produkten und Services würden hier gemacht, die USA kommen auf 23, Japan auf 15 Prozent. Die größte kreative Einzelnation ist allerdings der übliche Verdächtige der neuen Weltwirtschaft: die Volksrepublik China. Hier würde, schreiben die aus verschiedenen UN-Organisationen kommenden Report-Autoren, mehr als ein Fünftel aller kreativen Leistungen weltweit exportiert.

Ist das glaubwürdig? Es kommt auf die Definition an. Der Begriff

»Creative Industries« führt in die Irre, nämlich in die Denk- und Kultur-
welt der Industrie. Mit diesem fundamentalen Denkfehler beschäftigt
sich dieses Buch ganz besonders. Es wird ganz im Gegensatz dazu auf
die wesentlichen Unterschiede zwischen klassischer industrieller und
neuer kreativ-ökonomischer Welt hinweisen, also auf Methoden, Kultur, Zugänge und Weltsichten gleichermaßen. Dieses holistische Bild ist
nötig, um nicht in den Verdacht zu geraten, in den sich große Teile der
Creative-Economy-Forschung heute fahrlässig begeben: Sie beschreiben
eine neue Ökonomie mit der begrifflichen Kohärenz der alten Industriewelt. Das kann nicht funktionieren. Was dabei herauskommt, sind wenig
brauchbare Allerweltsdefinitionen à la: »Jeder ist ein bisschen kreativ«.
Das stimmt so wenig wie die Behauptung, dass alle Menschen blond sind
und 1,80 Meter groß.

Kreativität, die Fähigkeit zur schöpferischen Problemlösung, ist eine
bis zu einem gewissen Grad erlernbare Fähigkeit. Das Dilemma besteht
bloß darin, dass wir es bei der Kreativität im Wesentlichen mit Ideen zu
tun haben. Und Ideen sind nicht erlernbar. Ideen hat man. Wir müssen
uns also angewöhnen, ganz entgegen den Gepflogenheiten der industriellen Erlerngesellschaft, auch mit intellektuellen Überraschungen zu
leben. Kluge, kreative Industriebetriebe haben das längst begriffen. Sie
integrieren die Ideen und das spontane Wissen (eine Sonderform der
Kreativität) in das betriebliche Vorschlagswesen. Unternehmen, die das
ernst nehmen, sind erfolgreich – eines der besten Beispiele dafür ist der
japanische Toyota-Konzern mit seiner Kaizen-Methode, bei der in alle
Richtungen gedacht werden darf.

*Die Creative Economy stellt das persönliche Erfahrungswissen
und die Talente in den Vordergrund. Persönliche Eigenschaften
sind nicht mehr dem betrieblichen Ablauf unterzuordnen,
sondern werden von einer offenen Organisation genutzt.*

Gewiss ist die Creative Economy jung, und viele üben sich in Definitionen ihres Wesens. Einiges klingt da recht merkwürdig. Auch wenn es von
großen Organisationen kommt. Oder besser gesagt: besonders, wenn es

von großen Organisationen kommt. Dort verharrt man vielerorts im Denkschema der Industriegesellschaft, das gilt auch für Forschungseinrichtungen und politische Verwaltungseinheiten.

Heraus kommen dann Definitionen wie die der UNCTAD, die äußerst vage sind und keine Position aufweisen. Da heißt es in der Einleitung zum Report zwar, dass die Creative Economy nicht mehr allein eine Frage der klassischen kreativen Disziplinen sei, sondern alle Organisationen und Unternehmen gleichermaßen betreffe, ganz unabhängig davon, ob sie Güter oder Services anbieten würden. Maßgeblich seien »the cycles of creation, production and distribution of goods and services that use creativity and intellectual capital as primary inputs«. (UNCTAD, 2008)

Doch bereits im nächsten Absatz verfallen die UN-Experten in die alte Denkfigur, wenn es heißt, dass »wissensbasierte Aktivitäten« sich auf die Künste fokussieren würden. Diese Gleichstellung von Kulturwirtschaft und Creative Economy ist falsch. Es geht nicht darum, dass etwas, was uns als kreativ erscheint, nur in einem klassischen Rahmen – einem Kulturbetrieb oder einem Kulturprodukt (Buch, Theaterstück, Musik, Gemälde etc.) – präsentiert wird. Richtiger liegen die UN-Autoren schon mit ihrer Einschätzung, dass die Gesamtheit der Leistungen der Creative Economy einen Umbruch in der Ökonomie bedeutet: Diese neue Form des Wirtschaftens (will) »constitute an new dynamic sector in world trade«.

Versuchen wir es also nochmals, und diesmal auf der Grundlage der Dinge und Sachverhalte, die sich bereits heute ereignen. Vernachlässigen wir hierfür unsere bisherige Vorstellung von klassischen Industrieunternehmen und Konzernen, nach der immer das Resultat im Mittelpunkt stand, das Produkt, das Gut, die Dienstleistung. Der Fokus ändert sich heute. Die Macht des Erfolgs gehört der Idee. Dafür aber müssen die Organisationsformen von Unternehmen einschneidend geändert werden wie insgesamt die Art und Weise, wie Wirtschaft betrachtet wird.

Am ehesten können wir die neuen Organisationsformen im World Wide Web beobachten. Es sind relativ flache, offene, temporäre Systeme, die wir antreffen. Auch das gehört zur Creative Economy: Es geht nicht mehr um das Schaffen möglichst langfristig bestehender »Arbeitsplätze«, sondern um die erfolgreiche Umsetzung von Wissen und Ideen. Dadurch kippen, wie bereits ausgeführt, starre Arbeitszeitmodelle. Es ist nicht mehr erforderlich, von neun bis fünf in einem Büro oder einer Fabrik anwesend zu sein. Die Produktion selbst wird zusehends automatisiert.

Dass das in einer starren Arbeitsgesellschaft auch ethisch umstritten ist, muss schon jetzt, in der Einführung zum Thema, zu denken geben. Vergessen wir nicht: So, wie wir die Welt sehen, ist sie nicht geschaffen worden – sie ist das Produkt einer vor zwei Jahrhunderten einsetzenden harten Erziehung aller Arbeitskräfte und Bürger in Richtung industrieller Produktion. Das vergisst sich nicht von heute auf morgen.

> *Creative Economy ist nichts anderes als eine Wirtschaft,*
> *die sich darüber im Klaren ist, dass nur Ideen und neue*
> *Lösungen, schöpferisches Denken sowie der Handel und die*
> *Entwicklung von Wissen zukunftsfähig sind.*
> *Ideen sind Kapital. Kapital ist personengebunden. Die Folge:*
> *Das Vermögen eines Unternehmens sind seine Mitarbeiter.*

Und die weiteren Aussichten? Von der Creative Economy hängen Wohlstand und Jobs ab, von ihr werden die Volkswirtschaften des 21. Jahrhunderts weit mehr beeinflusst werden als von den schieren Produktmengen, die bisher noch als Richtlinien für wirtschaftlichen Erfolg standen.

Die Kreativwirtschaft verändert die Art und Weise, wie wir wirtschaften, unsere Entscheidungen für und gegen Investitionen treffen und auch wie wir leben und arbeiten werden. Vieles von dem, was dieser Begriff beinhaltet, ist bereits hier und heute Alltag. Ideen, die für lange Zeit nur der Initialfunke für wirtschaftlichen Erfolg waren – der Anfang einer langen, meist mühevollen Reise –, nehmen heute schon die Position des wichtigsten zentralen wirtschaftlichen Gutes ein. Neue Kommunikations- und Vertriebskanäle, nicht zuletzt das World Wide Web, sorgen für eine bisher unbekannte Flut an handelbarer Ideenware. Immer mehr Menschen verdienen ihr Geld damit, indem sie mit neuen, schöpferischen Tätigkeiten die Probleme einer komplexen Welt lösen. Dies geschieht im globalen Rahmen, aber immer punktgenauer auf die Bedürfnisse einiger oder auch nur eines Kunden oder Klienten hin.

Wir erleben eine allmähliche, aber grundlegende Transformation unserer Ökonomie – und damit auch eine Veränderung unser Lebensbedingungen. Auch das soll deutlich werden: Mit den Zeitschemen, Organisationsformen und vor allem den Managementmethoden des Industriezeitalters, die immer noch vorherrschen, wird man der Kreativwirtschaft nicht gerecht. Es gilt, zu lernen – gründlich zu lernen – und umzudenken – auch das in hohem Maße.

Ein Ziel dieses Buches ist es, die Unterschiede zwischen der Ideenwirtschaft und der industriellen Massenproduktion bewusst und damit den Wandel überschaubarer zu machen. Es wäre unredlich, hier einen Methodenkoffer auszupacken und die zehn wichtigsten Regeln für die Creative Economy auszubreiten. Es gibt bereits Tausende, Millionen von Regeln dafür. Kreativität resultiert auch aus der Fähigkeit des menschlichen Geistes, die Fülle aller Eindrücke so zu verarbeiten, dass die richtigen Schlussfolgerungen gezogen werden können. Das ist ein andauernder Kampf, ein hochkomplexes Unterfangen. Ganz sicher kann es nicht auf einige wenige »To do«-Regeln reduziert werden. Viel wichtiger ist die Offenheit der Unternehmen und Organisationen hinsichtlich kreativer Prozesse.

> *Weniger die Kenntnis von Regeln und Methoden als die Fähigkeit zum Erkennen kreativer Prozesse und Talente wird über den Erfolg von Unternehmen entscheiden. Aus statischer Planung wird spontanes Erkennen und Entscheiden. Nur wer schnell handelt und offen denkt, wird die Potenziale nutzen können, die sich in der Creative Economy bieten.*

Und wir können schon heute Fragen stellen und Vergleiche durchführen. Etwa dort, wo es um den Wandel der Bedeutung geistigen Eigentums geht. Oder um die Frage, ob kreative Prozesse – wenn schon nicht planbar – doch einer gewissen Systematik unterliegen. Wir können Städteplanern Hinweise geben, wie sie ihren Standort für die Angehörigen der kreativen Klasse, die begehrten und vielfach beschworenen Wissensarbeiter, attraktiv gestalten. Wir können durchaus heute schon Fragen stellen, wie wir künftig Kreativarbeiter und Produktivarbeiter in Organisationen behandeln, welche Rolle den jeweiligen Gruppen zukommt. Und wir können eine kleine Anzahl von Vorschlägen unterbreiten, die jenseits von Hype und trendigen Übertreibungen sachliche Perspektiven für den Umgang mit der Ware Kreativität liefern. Das ist, so finden wir in aller Bescheidenheit, für eine Disziplin, die sich erst am Anfang ihrer Entwicklung befindet, eine ganze Menge.

Um es in die heute populäre Sprache der Informatik zu übersetzen: Creative Economy ist das Betriebssystem der Wissensgesellschaft. Wissen, Know-how, Ideen und Problemlösungen werden deutlich und nicht wie bisher nur am Rande der Wahrnehmung für Wohlstand und Entwicklung sorgen.

Wir werden uns verändern müssen, damit wir diese Entwicklung positiv mitmachen können.

Entscheidend wird unsere Bereitschaft sein, sich dieser neuen Wirtschaftsform zu nähern, sowie unsere Offenheit und unser Verständnis für den neuen Prozess. Der Begriff Kreativität geht auf den lateinischen Stamm »creare« zurück, was so viel bedeutet wie: »Neues herstellen«. Genau dies – Neuartiges zu schaffen – steht auf dem Plan der Creative Economy. Doch es gibt noch eine andere Bedeutung, die heute, zu Beginn einer richtungweisenden Entwicklung, vielleicht noch wichtiger ist. »Crescere«, der zweite Wortstamm, aus dem sich Kreativität ableitet. Das heißt so viel wie: »Wachsen lassen, werden lassen«.

Denken wir daran, wenn wir uns dem Neuen zuwenden.

Der Zukunft. Sie ist schon da. Fragen wir Matthias Horx, den führenden deutschen Zukunftsforscher.

Wolf Lotter

Matthias Horx

Wacht auf, Verkannte dieser Erde!

Im Klassenrausch

Neulich auf einer dieser wunderbaren untergehenden Bankveranstaltungen. Das Publikum jenseits des Golfspielalters, die Kanapees vom Drei-Sterne-Koch, ein Bankett in einem bayerischen Schlosshotel für Privatanleger oberhalb der Millionenschwelle. Das Thema, von jungen »Finanzconsultants« vorgetragen, kreist um die steile These, dass Aktien »auch und gerade in der Krise eine hervorragende langfristige Geldanlage sind!«

Keiner glaubt es. Nicht heute, nicht für die nächsten zwei Millionen Jahre. Die Veranstaltung ist ein Desaster. Aber viel zu teuer, um sich das einzugestehen. Einer der Consultants, adrett gekleidet, Mitte dreißig, spricht mich an. Er spricht ganz leise, damit seine Kunden, die an den Stehtischen verteilt stehen, es nicht hören.

»Was soll ich nur machen?«, flüstert er. »Von meinen Eltern habe ich gelernt, dass alles ganz einfach ist. Ich mache einen MBA, bekomme einen Job bei dieser Bank, und dann läuft alles wie von selbst. Und jetzt sieht es so aus, als ob ich in ein paar Wochen auf der Straße sitze. Ich bin verheiratet, eine Tochter. Wer nimmt denn heute Investmentbanker? Können Sie mir etwas empfehlen? Etwas ganz Zukunftssicheres?!«

Ich atme tief durch. Beiße in mein Rotweinglas. Blicke durchs Fenster in den Park, in dem durch Rotbuchen und Eichen die Abendsonne scheint. Da ist es wieder, das große, alte WIR! Der alte, tief sitzende Reflex. Rechthaben. Besserwissen. Triumphieren. Sich-überlegen-Fühlen.

Gehen Sie doch zur freiwilligen Feuerwehr, möchte ich erwidern. Die brauchen immer jemanden mit Fleiß und Ausdauer. Und die haben eine solide Altersversicherung. Oder: Ich empfehle zehn Jahre Biorübenzüchten auf Gomera in einer Hardcore-WG!

Es gibt zwei Arten von Leben. Und beide sind so unterschiedlich wie zwei Universen, in denen völlig verschiedene Naturgesetze herrschen.

Das eine Leben ist das geradlinige. Das brave. Man tut, was von einem verlangt wird. Papi ist Vorbild, Mutti die Größte. Man sitzt das Wochenende bei Tante Elsbeth und Onkel Erwin ab. Die Welt ist geordnet in Sinnhaftigkeit und Zielstrebigkeit, diese beiden großen Brüder der Langeweile. So »kommt man ordentlich durchs Leben«, wie es in einer wunderbaren Szene in Hermann Hesses *Unterm Rad* heißt.

Man macht eine Ausbildung, einen Abschluss (die Worte sagen alles), um einen Arbeitsplatz zu bekommen. Man heiratet und bekommt die üblichen Kinder mit Namen Tobias und Maria. Und nach ein paar Jahren hat man sich in der Ehe nicht mehr viel zu sagen. Aber das Häuschen steht.

Man wird befördert. Wie auf dem Fließband.

Irgendwann, es ist schon fast ein halbes Jahrhundert her, kam eine etwas andere Idee, eine andere Melodie in unser Leben. Sie verschwindet auch nicht, wenn die Musik, die man auf dem iPod hört, melodischer und die Haare schütter werden.

Die Idee, dass es noch etwas anderes gibt als »Aus und Platz«. Dass es einen anderen Weg geben könnte als den zu »Erfolg« oder »Geht-schon-gut«.

Eine Sehnsucht. Eine Ahnung. Eine wilde Hoffnung.

Seitdem habe ich im Grunde nie aufgehört, die Menschen einzusortieren. In die Gradlinigen. Die Streber. Die mit dem Seitenscheitel. Die Mitglieder der Schüler Union. Die Gebügelten, Verklemmten und Opportunisten. Diejenigen, mit denen ich – und alle die, die mir am Herzen lagen – nie etwas anfangen konnte.

Und die ANDEREN. Die UNSRIGEN. Deren Wege unruhig, schlingernd verlaufen. Die ständig auf der Suche sind. Nach der Liebe. Der Leidenschaft. Dem einen, richtig guten Ding. Die im Zickzack durchs Leben laufen. Auch manchmal driften. Aber nie aufhören, zu träumen, zu wollen, zu suchen. Nach sich selbst. Nach den neuen Möglichkeiten.

Diejenigen, in denen ein Stern wohnt.

Klassenlage, revisited

Die Geschichte, sagt Marx, ist eine Geschichte von Klassenkämpfen. Sie handelt vom Aufstieg und Fall von Klassen wie Proletariat oder Bourgeoisie. Klassen organisieren sich, in mächtigen Parteien oder Organisationen, und streben dazu, die Macht zu ergreifen. Was in seltenen historischen Situationen auch gelingt. Dann herrscht die DIKTATUR einer bestimmten Klasse. Und dann wird marschiert, mit vielen Fahnen und Tschingderassa. Alle anderen wandern ins Gefängnis.

Natürlich, so möchte man denken, ist das alte Klassenspiel längst vorbei und gegessen. Der gigantische Wohlstand, der allen Unkenrufen zum Trotz, ALLEN immer mehr und immer umfassender zur Verfügung steht, hat die Monotonie des Marschierens endgültig beendet. Bis ins Mark unserer pluralistischen Gesellschaft herrscht das große Durcheinander, die Atomisierung, die Kleinteiligkeit. Es gibt Szenen, Cliquen, Clans, Subkulturen. Es gibt »Lifestyles«, Konsumstile, Genusspräferenzen, Moden, Dieter Bohlen ohne Ende.

Aber Klassen?

Noch nicht einmal die Milieus funktionieren noch. Es ist überhaupt nichts Besonderes mehr, wenn ein konservativer Parteivorsitzender sich mit einer sehr viel Jüngeren vergnügt. Aus dieser Beziehung können auch Kinder entstammen, so wie früher beim feudalen Hofe. Aber man kann auch wieder zu seiner Ehefrau zurückkehren. Was der Papst dazu sagt, ist nicht mehr so wichtig, auch nicht, was Gewerkschafter nachts und auf Firmenkosten so hedonistisch treiben.

Der Klassenkampf löst sich also einerseits in kulturelle und konsumistische Diffusion, andererseits in staatliche Subvention auf – heute wollen alle, die gestern noch die strenge Peitsche des Marktes schwangen, von der Domina »Staat« verwöhnt werden. Nur in den deutschen Talkshows wird der Klassenkampf rund um die Uhr noch verbal inszeniert. Ulbricht light findet immer die frenetischsten Klatscher im Publikum. Der Kampf selbst scheint sich auf immer höhere und abstraktere Ebenen zurückzuziehen – ins Empörungs-Feuilleton zum Beispiel, wo unentwegt in donnernder Rhetorik das kapitalistische Monster gebrandmarkt wird. Oder ins Theater, wo die Auguren des existenziellen Kommunismus allabendlich kopulieren, marschieren und fäkalisieren, dass es nur so eine Freude ist.

Die Sache mit den Klassen variiert die Tonlage – und kehrt zurück als Gespenst, allerdings nicht wie Marx das im *Kommunistischen Manifest* meinte; eher als kleines Gespenst à la Ottfried Preußler. Heute heißt der »Proletarier« in einem mediengerechten Diminutiv »kleiner Mann« (kleine Frauen sind hingegen offenbar nicht vorhanden). Und ständig entstehen neue Wortschöpfungen: PREKARIAT zum Beispiel hat das gute alte Lumpenproletariat ersetzt. Heute trägt man eben Laptop statt Lumpen, aber man ist natürlich mindestens genauso brutal unterdrückt. Weil man nach dem Praktikum nicht übernommen wird.

Es lebe der Biedermeier-Bolschewismus: Das Spießertum ist mit dem Rebellentum die ideale antikapitalistische Allianz eingegangen. Unentwegt wird, äußerst konsequent und stets verbal, die Systemfrage gestellt. Aber ganz ohne Risiko, dass etwas daraus werden könnte. Es geht eigentlich nur um Einschaltlücken im öffentlichen Wahrnehmungsraum, in welche die Medien die fette Butter dumpfer alter Formeln schmieren.

Wir haben also die Wahl. Den Klassenkampf für immer ad acta zu legen und uns in einer Art nostalgischen Klassen-Kampfotainment einzurichten. Oder aber wir drehen den Spieß um. Wir versuchen es noch einmal mit einer ordentlichen Klassenanalyse, wie weiland im Proseminar Marxismus, im ersten Semester an der Uni …

Matthias Horx

Auf, auf zum Kampf, zum Kampf ...!

Was also könnte heute eine »Klasse« begründen? Schlagen wir nach bei Marx. Marx spricht von zwei Faktoren, die eine Klasse konstituieren. Einmal die KlassenLAGE und dann das KlassenINTERESSE. Bei Marx, der über die frühe industrielle Gesellschaft nachdachte und dabei mit utopischen Abstraktionen nicht sparte, sind beide Dinge nahezu identisch: Wenn sich das Proletariat seiner Klassenlage bewusst wird, definiert es automatisch sein INTERESSE – (nämlich den kollektivierten Besitz der Produktionsmittel).

Allerdings sagt Marx noch mehr: Es sind, so seine richtige Analyse, jeweils die aktuellen Produktionsbedingungen, die den Aufstieg einer neuen Klasse ermöglichen. Erst die »Entfesselung der Industriekräfte« – und das damit akkumulierbare Kapital – konnte im 19. Jahrhundert die Bourgeoisie an die Macht bringen.

Wo stehen wir mit diesem Hintergrund heute? Kein Zweifel: Die Kräfte und Faktoren, mit denen der »Mehrwert« produziert wird, ändern sich gewaltig: Immer mehr Wissensarbeit statt Produktionsarbeit. Immer mehr Kommunikation statt Kommando. Immer mehr Intelligenz statt Monotonie. Immer mehr Immaterielles statt Dingliches.

Immer mehr Kreativität statt »Mehr-vom-Gleichen«.

Nach den Marx'schen Gesetzen steigen diejenigen zur »hegemonialen Klasse« auf, die im Besitz der jeweils »durchschlagenden« Produktionsmittel sind. Vor 150 Jahren waren das Maschinen, Rohstoffe und Kapital. Und was könnten die Produktionsmittel der Wissensökonomie sein? Computer? Das reicht nicht aus. Es sind Ideen, Innovationen, Veränderungskompetenzen.

Also alles das, was große, hierarchische, megalomanische Firmen nicht (oder nur selten) haben. Und was, das ist besonders interessant, nicht so einfach »durch das Kapital enteignet und entfremdet« werden kann. Natürlich kann man Patente kaufen. Man kann auch schlaue Menschen anstellen und versuchen, sie auszubeuten. Aber Veränderungskompetenzen bleiben immer in der Hand der Produzenten selbst. In der Hand der kreativen Individuen.

Ein kleines Partei-Einschlussverfahren

Nehmen wir als Arbeitsbegriff den Topos, der sich in den letzten Jahren durch die Wortprägung des amerikanischen Soziologen Richard Florida durchgesetzt hat: die KREATIVE KLASSE. Wer könnte alles zu einem solchen Gebilde dazugehören?

Da ist zunächst der HARTE KREATIVE KERN: Diejenigen, bei denen die Kreativität als Lebenselixier UND Ernährungsquelle außer Frage steht. Die Künstler. Die melancholischen, einsamen Jungs und Mädels in den Ateliers, die jeden Tag mit Leinwänden, Farben, gnadenlosen Steinblöcken oder einfach nur IDEEN kämpfen und daraus ihren Lebensunterhalt verdienen. Die Autoren, Schauspieler, Regisseure, Maler, Tänzer, Poeten, Architekten, Fotografen, Kabarettisten, Comiczeichner, Musiker, Zeichner, Illustratoren. Habe ich jemanden vergessen? Na klar: Puppenspieler. Modedesigner. Webdesigner, Computerspielgenies, ach, die ganze Palette der neumedialen Schöpfungskunst.

Natürlich ist diese Gruppe im Verhältnis zur Gesamtbevölkerung nicht allzu groß. Aber wer bei einer Sotheby's-Versteigerung von, sagen wir, Leipziger Neorealisten war, weiß, welche erhebliche Wertschöpfung in diesem Sektor erzeugt werden kann. Einige wenige Künstler verwalten ökonomische Imperien, beschäftigen ganze Seilschaften von Agenten, Juristen, Assistenten, Masseuren, Landhausdesignern, Noch- oder Wieder-Ehepartnern. Natürlich nur eine winzige MINDERHEIT aller Künstler.

Allein im deutschen Kultursektor arbeiten mehr als 1,2 Millionen Menschen – und das sind nur die offiziell registrierten. Das Statistische Bundesamt meldete für das Jahr 2007 insgesamt 322 000 Beschäftigte in »künstlerischen und zugeordneten Berufen« sowie noch einmal 221 000 in »publizistischen, Übersetzungs- und verwandten Berufen«. In Nordrhein-Westfalen hat sich der Kulturumsatz in 16 Jahren verdreifacht. Dort arbeiteten im Jahr 2000 280 000 Menschen im Kulturbereich, dreimal so viel wie im Bergbau. Bei den Selbständigen wuchs die Zahl der »Arbeitsplätze« um 31 Prozent bei den freien Autoren, um 84 Prozent bei den Malern und Bildhauern.

Die zweite große Gruppe der Kreativen entspricht nicht dem Klischee

Matthias Horx

des Wortes »kreativ«. Aber sie produzieren ebenfalls genuine UNTER-SCHIEDE. Nennen wir sie RATIONALE INNOVATEURE. Forscher, Wissenschaftler, Software-Freaks, Technologiespezialisten. Die schöpferischen Ingenieure, Tüftler und Problemlöser. Die Bastler und Schrauber vor dem Herrn.

Diejenigen, die in den kreuzbravbiederen mittelständischen Firmen in den Entwicklungslabors sitzen und die Dinge voranbringen. Egal, was der Chef gerade sagt, holen sie aus Telefonleitungen noch 10 000 Megabyte Übertragungsdichte MEHR heraus. Oder machen ein Kurbelwellengestänge für Lokomotiven noch 20 Prozent effektiver. Das ist ebenfalls eine kreative Leistung, auch wenn sie auf der Oberfläche industriell daherkommt. Diejenigen, die in riesigen Zyklotronen nach den Elementarteilchen der Materie fahnden. Ja, die gehören auch dazu. Weil sie etwas verändern. Erkenntnisse, Weltbilder, Theoreme. Weil sie unentwegt dazulernen.

Wir nähern uns jetzt größeren Kohorten unserer neuen Klasse. Denn nun folgt der eigentliche Kern. Die KREATIVE MITTE: Werber, Texter, Berater, Coachs, Analysten, Medientrainer, Moderatoren, Mediatoren, Motivatoren, Event-Veranstalter …

Betrachten wir die größte Gruppe genauer: die Berater. In den 1980er Jahren war dieser Beruf noch nahe am Unmöglichen angesiedelt: Wozu brauchte man einen »Berater«, wenn man nicht Mafiosi war? Anfang dieses Jahrzehnts waren rund 350 000 Berater in Deutschland registriert. Und zwar nur bei den großen, alteingesessenen Organisationen wie McKinsey oder Accenture. Bisweilen befällt einen das dumpfe Gefühl, es gäbe nur noch Berater, die sich unentwegt gegenseitig beraten (der Rest sind Art-Direktoren).

An diesem Punkt wird es allerdings etwas schwierig mit der Klassengrenze: Sind McKinsey-Berater Kreative? Analysten? Die Antwort muss lauten: Vielleicht. Jedenfalls ist das Beraten eine im Kern kreative Tätigkeit. Auch das Analystentum sollte es sein. Übrigens: Es gibt neben den 300 000 registrierten mindestens noch einmal zwei Millionen spezielle Berater. Für Wellness. Hunde. Lebensführung. Zeitökonomie. Ernährung. Organisation. Desorganisation. Organisationsentwicklung. Change. Für

Mergers und Dismergers, Wadenkrämpfe und für die Kognitionsentwicklung bei Babys.

Als vierte, etwas kleinere, aber umso interessantere Gruppe lassen sich die Inhaber der neuen SYNTHESEBERUFE verstehen. In unserer Wirtschaft entstehen ständig neue Berufsbilder, die gestern noch niemand kannte, die komisch klingen, die aber heute schon plötzlich über einen Berufsverband verfügen: Waldkindergärtnerin, Kulturvermittler, Duftgestalter, Trauer-Ritualisten, Selfness-Coach, Holistic Health Manager, Mentaltrainer, Artconnectoren, Outplacement-Berater, Interkulturberater, Cultural Coaches, Systemiktouristiker ... Die Liste könnte endlos werden. Auch Uralt-Comeback-Berufe wie Heiler gehören dazu.

Wenn wir diese vier Gruppen zusammennehmen, kommt schon ein gewaltiges Heer heraus. Diese Masse Mensch ist zwar beileibe nicht zum Gleichschritt fähig. Und auch nicht zum gemeinsamen Liedersingen. Und dennoch: Hier marschiert die neue Zeit!

Dabei haben wir die wichtigste Gruppe noch gar nicht erwähnt. Es ist nämlich im Grunde unsinnig, Kreative nach Berufsverbänden zu sortieren. Kreative sind überdies nicht an ihrem Arbeitsvertrag erkennbar. Es gibt durchaus angestellte Kreative, die kreativer sind als faule Selbständige, die sich damit begnügen, vom Erbe ihrer Oma zu leben und nebenbei einen Jongleur-Laden in Köln-Ehrenfeld zu betreiben. Kreativität ist ein MINDSET. Und deshalb dürfen, sollen und können wir nicht die KREATIVEN KÖNNER vergessen: die Innovateure in den ganz normalen, konventionellen Berufen:

- innovative Rechtsanwälte
  - kreative Köche
    - begnadete Beamte
      - findige Ärzte
        - artifizielle Architekten
          - radikale Redakteure
          - fabelhafte Förster
        - lebendige Lehrer
      - joviale Journalisten
    - virtuose Steuerberater

- wirbelige Winzer
  - hochbegabte Hoteliers
    - magische Manager
      - schöne Schreiner
    - geniale Fleischhauer
  - visionäre Sportler
- …

Woran erkennt man, dass »Normalberufler« eben nicht normal sind? Meine Antwort: Man erkennt es eben. Ich jedenfalls weiß genau, welcher Schreiner konventionell arbeitet und welcher ein Künstler und Kreativer ist. Welcher Metzger zur kreativen Klasse gehört und wer das Geschäft einfach nur von seinem Vater übernommen hat. Welcher Arzt ein Heiler ist und welcher einfach ein Geldverdiener. Welcher Steuerberater oder Journalist nur ein Schuft und Fuchs ist und wer stattdessen »mit der Welt arbeitet«. Es sind nicht viele, die im Königreich des Normalen und Etablierten Andere sind. Aber viel mehr, als wir glauben.

Merke: Echte Kreative haben eine grundlegende Eigenschaft. Sie jammern nicht. Nie! Sie brechen die Regeln dessen, was man »gewöhnlich tut« – und haben damit den Erfolg einer gelebten Vision.

Schließlich könnte man auch das POSITIVE PREKARIAT zur kreativen Klasse zählen – jenes weite Feld an Patchwork-Arbeitern, »Ich-AGs« und »Durchwurstlern«, die in jeder Metropole die Kleinanzeigen der Stadtmagazine vollschreiben: »Junger Pianist sucht Arbeit in Hotel oder Bar« / »Handwerkliches Allroundgenie bastelt Ihnen alles« / »Autodidakt, Schreiner, EDV-Berater, löst ihre Alltagsprobleme«. Diejenigen, die nicht nur keinen ordentlichen Beruf haben, sondern auch keinen anstreben. Die im Scheitern Würde und Contenance bewahren, aber meilenweit von Hartz IV entfernt sind. Deren ungeschriebenes Firmenschild lautet:

ACHTUNG, LEBENSKÜNSTLER. WENN NEBENHER GELD VERDIENT WIRD, IST DAS WILLKOMMEN, ABER NICHT UNBEDINGT ERFORDERLICH!

Und natürlich bleiben, wie bei Reich-Ranicki, viele Fragen offen. Gehören auch die Freaks dazu, die Borderliner, die vor 20 Jahren nach Südspanien abgehauen sind und nun mit schlechten Zähnen zurückkommen? Zählen wir auch die genialen Versager zu den Kreativen, die es immer wieder gründlich auf die Nase haut, weil sie nur hartnäckig GLAUBEN, kreativ zu sein? Mit anderen Worten: Würden wir auch Boris Becker in unsere KAO (Kreative Aufbau-Organisation) aufnehmen?

... zum Kampf sind wir geboren!

Versuchen wir nun, in diesen wilden Haufen ein KLASSENBEWUSST-SEIN zu bekommen. Ein hoffnungsloser Fall. Gleich am Anfang ist eines gewiss: Das Geld kann es nicht sein, das diese »Klasse« verbindet. Künstler sind in der Mehrheit sehr arm. Schriftsteller heißen entweder King oder Walser oder Rowling, oder sie sitzen verkatert auf jeder Buchmesse herum, und keiner kennt sie. Auch Reiki-Coachs und Webdesigner haben nicht immer eine erhöhte Aufmerksamkeitsaura vorzuweisen. Eine gemeinsame KlassenLAGE ist also beim besten Willen nicht auszumachen.

Und dennoch: Arme und reiche Künstler finden sich regelmäßig auf derselben Party. Sie essen in denselben Restaurants. Sie bewegen sich in denselben Stadtteilen, auch wenn die einen im Designerloft, die anderen in einer schrabbeligen 50er-Jahre-Wohnung hausen. Sie würden auch dieselbe Partei wählen, wenn es sie denn gäbe, die »Kreative Partei«. Sie haben einen gemeinsamen Kulturbogen, in dem sie leben.

Etwas an der Kreativität nivelliert auf geheimnisvolle Weise soziale Unterschiede. Warum ist das so? Auch hier gibt es eine streng marxistische Antwort. Die Lage des Kreativen definiert sich aus seinem KLASSENINTERESSE, das wiederum mit der Herstellung von Kreativität als Produktionsmittel zu tun hat.

Kreative haben ein zentrales Knappheitsproblem. Sie sind auf der Suche nach Ideen. Sie brauchen als Berufs-, aber auch Lebenselixier ständige ANREGUNG, INSPIRATION und ABWEICHUNG.

Richard Florida hat für die kreative Klasse die drei berühmten »T« als Indikatoren definiert.

Technologie: Voraussetzung und Begleiterscheinung eines kreativen Milieus ist stets der überdurchschnittliche Umgang mit Technik. Wo im Café nicht jeder Zweite auf einen Apple-Computer einhackt, ist das Kreative unterentwickelt.

Toleranz: Kreative brauchen eine Umwelt, in der Minderheiten nicht abgestoßen und diskriminiert, sondern regelrecht angezogen werden, in dem verschiedene kulturelle Impulse und interessante Minderheiten aufeinandertreffen und sich gegenseitig befruchten. Also genau das, was nach den strengen Buben mit den Seitenscheiteln grässlich »gescheitert« ist: Multikulturalität.

Talente: Wenn in einer Region viele gut gebildete Menschen wohnen, zieht dies Kreative an, die sich in diesem Milieu wohlfühlen und anregen lassen. Aber »Talent« bedeutet auch eine bestimmte SOZIALTECHNIK. Anders als der »Industrial Man«, der seine Karriere, seinen Beruf und sein Erfolgsstreben nach ÄUSSEREN Kriterien ausrichtet, hört der Kreative ausschließlich auf die Stimme seines Talents. Er fragt sich: Was kann ich, und was will ich? Was kann ich besonders gut – und wie kann ich dies entwickeln? Mit wem kann ich mich vernetzen?

Das »WERKZEUG« des Kreativen ist also ein DIVERSIFIZIERTES SOZIALES MILIEU. Mit anderen Worten: eine vitale Großstadt. Dort, wo es »drunter und drüber« geht. Wo Außenseiter, Spinner, Experimentierer, Minderheiten, Andersdenkende und -handelnde willkommen sind, da ist die »Werkbank« unseres Kreativen.

Aus diesen schlicht »materialistischen« Gründen finden sich in Vorstädten und Kleinstädten keine oder nur wenige Kreative (auf dem Dorf findet man sie wiederum häufiger; dort allerdings oft als Zweitwohnungs- oder WG-Bewohner). Und deshalb entwickeln sich überall in der Welt »creative cities« oder auch nur kreative Stadtteile, in denen die kommende Ideenwirtschaft ihre »hot spots«, ihre strategischen Brückenköpfe, entwickelt.

Und von wo aus sie die Welt erobert.

Brüder, zum Lichte empor!
(und Schwestern natürlich auch)

Zu Beginn des 19. Jahrhunderts, als die frühe Industrialisierung ihre ersten Rußwolken über Felder und Wiesen schickte, waren die Straßen in Deutschland (und dem Rest der Welt) noch schlammig. Nicht nur Goethe beschrieb, wie man rumpelig mit der Kutsche unterwegs war, tagelang, gar wochenlang zwischen München, Regensburg, Weimar und Berlin. Auch in diesen Städten herrschte damals Kreativität. Die Kreativität des Geistes, gesponsert durch gnadenreiche Fürsten. Aber es waren Inseln im Meer bäuerlicher Plackerei.

Dann begannen die Manufakturen, ihre Waren auszuspucken, und die Eisenbahn eröffnete die Handelswege. Und eine neue Klasse entstand: das Bürgertum, von Marx als »Bourgeoisie« gebrandmarkt und als »Kapitalisten« denunziert. Eine anfangs kleine und randständige Gruppe von Menschen, die mit Mut, Unternehmertum, Leistung, Fleiß, Sparsamkeit und – oft genug – sozialer Verantwortung einen neuen Wertekanon begründeten. Das Bürgertum, anfangs von den Adligen belächelt oder verachtet, von den Armen und Pauperisierten als Retter aus der Not bewundert oder bekämpft, wurde zum eigentlichen Kraftzentrum der Gesellschaft. Bürgerliche Werte entwickelten jene Bindungskräfte, welche die positiven Evolutionen der europäischen Gesellschaften einleiteten. Die europäische »bürgerliche Stadt«, die ihre erste Blüte um 1900 entwickelte, war nicht umsonst auch die Geburtsstätte der Moderne. In ihr konnten sich die Ideen, die die Aufklärung über Jahrhunderte ausgebrütet hatte, in Architektur, Kunst, Politik, Geist, Werte und öffentlichen Raum transformieren.

Stellen wir uns vor, wir wären heute in einer ähnlichen historischen Situation wie zu Beginn des 19. Jahrhunderts: Eine vorerst kleine Gruppe wie damals das Bürgertum, meist belächelt, nicht sehr ernst genommen, entwickelt sich klammheimlich zur zentralen, stil-, werte- und ökonomieprägenden Schicht. Müsste dies nicht automatisch zu einer neuen Klassenkampfsituation führen? Und wenn ja – gegen wen?

Matthias Horx

Diesbezüglich müssen wir wissen, wer bislang die soziokulturelle Macht in der Hand hielt. Das gute alte Bürgertum gibt es auch heute noch. Aber es ist langsam und stetig an den Rand gedrückt worden. Die Katastrophe in Deutschland, in der durch den Nationalsozialismus ein großer Teil des Bürgertums vertrieben oder ermordet wurde, hat bis heute ihre Spuren hinterlassen. Die vielen fleißigen, ausdauernden, sozial engagierten und – ja doch! – kreativen Unternehmer, die es in unserem Land gibt, waren nicht die soziokulturellen Gewinner der letzten Jahrzehnte.

Der eigentliche »Siegertyp« des Spätindustrialismus, der Boomzeit der letzten 30 Jahre, war der ORGANISATION MAN. Der in den großen Organisationen gebundene Angestellte. Der Aufsteiger in der klassischen Hierarchiepyramide. Stets männlich, meist Alleinverdiener mit Familie »im Hintergrund«. Seine Zeitökonomie war gnadenlos büroorientiert: »Schatz, ich komm später nach Hause«, lautete seine Eintrittskarte in das Reich ständiger Steigerung von Konsum, PS und Status. Seine Karriere war vorbestimmt und organisatorisch abgesichert, sein Wertesystem klar hedonistisch: Arbeit ist dazu da, Genuss nach sich zu ziehen. »Mit fünfzig möchte ich ausgesorgt haben« – wie oft habe ich das von den Braven gehört. Mein Auto, mein Haus, meine Yacht (ausgerechnet eine Sparkassen-Werbung).

In seiner radikalisierten Turboversion entsprach der ORGANISATION MAN jenem Typus, der nun im Eilverfahren von der historischen Bühne abtritt: dem Investmentbanker. Und mit dem Absturz des Investmentbankers ist nun eine Lawine ins Rollen gekommen, die den eigentlichen kulturellen Zeitenwechsel dieser Krise ausmacht: das Ende der linearen Berufskarriere, des lebenslangen männlichen Karriere-Entwurfs.

Die ungeheuren Mengen von Kapital, die in den Geldmärkten des vergangenen Booms entstanden sind, waren nichts als ein Schmiermittel, das die üppigen Privilegien des ORGANISATION MAN bezahlte. Seine Systeme innovierten nicht, sie verwalteten und verbrauchten das Geld der Kunden in endlosen »fringe benefits«. Doch in Zukunft bezahlt niemand mehr die Üppigkeiten, die sich die zahlreichen ineinander verschachtelten Hierarchie-Etagen leisteten. Man kann live beobachten, wie die großen Pyramiden bröckeln und implodieren, umgebaut werden oder einfach verschwinden. Hunderttausende »Organisation Men« in allen Schlüsselbranchen, von den Autos über die Banken bis Pharma, Handel, Medien, werden in den nächsten Jahren »freigesetzt«. Steife, unbewegliche Organisationen industriellen Typs zerlegen sich in Netzwerke und »Cost Center«, sie werden zerschlagen, gemerget, rationalisiert – und bis zur Unkenntlichkeit verschmolzen. Die Krise macht es möglich – und notwendig.

Die Ära der lebenslang Angestellten ist vorüber.

Es schlägt die Stunde des »Creative Man« und der »Creative Woman«.

Die Schnellschiffe der Kreativität können in der heutigen Strukturkrise nur gewinnen. Kreativität ist in ihrem Wesen von Mobilität geprägt – aber eben nicht nur von äußerer, physischer Mobilität, sondern von geistig-mentaler Beweglichkeit. Kreative sind kosmopolitisch orientiert, weil sie sich ihre Anregungen aus vielen Gegenden der Welt holen – sie eignen sich deshalb auch für die Managementaufgaben der globalen Wirtschaft.

Gleichzeitig übt die kreative Klasse eine GESELLSCHAFTLICHE Integrationsfunktion aus, die der des alten Bürgertums ähnelt. Sie vermittelt zwischen den ALTEN ELITEN, dem NEUEN BILDUNGSBÜRGERTUM und dem PREKARIAT. Kreative fungieren in den Großstädten längst als »kulturelle Integratoren ökonomischer Unterschiede«. Ihre »prekären Arbeitsmilieus« bilden eine breite ökonomische Pufferzone, ein riesiges Feld an Teilzeit- und Zwischenjobs, an »Portfolio Work« und »Talent Scouting«. Wo viele Kreative leben und arbeiten, wachsen »Puzzle-Ökonomien« heran, welche die Menschen unabhängiger von traditionellen, »lebenslangen« Arbeitsplätzen und sozialen Transfers machen.

Im kreativen Milieu verändern sich die Bedeutungen von Arbeit und Tätigkeit. Es geht nicht mehr nur um die klassische Erwerbsarbeit, vielmehr gehen Lohnarbeit, Projektarbeit, Hausarbeit, Herzensarbeit (unbezahlte Leidenschaften) und Unterstützungsarbeit (Pflege, Kindererziehung) ineinander über.

Kreative sind die PIONIERE EINER NEUEN LEBENSBALANCE. Arbeit ist für sie vor allem Weltgestaltung, Selbstexpression und Lebens-

Matthias Horx

sinn. Sie sind Lebensgestalter und Sinnproduzenten, nie reine Hedonisten. Sie verändern die Art und Weise, in der Menschen arbeiten, kooperieren, leben, lieben und sich entwickeln.

Vernetzte Individualisten: Neben dem Kapital des Talents, das der Einzelne erschließt, sind es vor allem die Ressourcen des Sozialen, die über den Erfolg der kreativen Strategie entscheiden. Nur wer seine lebendigen sozialen (nicht nur funktionalen) Netzwerke pflegen und gestalten kann, vermag es, seine kreative Balance zu halten. Es geht im Kern um emotionale Intelligenz. Ein zu hoher Neurotizismus- oder Narzissmusfaktor zerstört jede kreative Lebensleistung (wir kennen sie alle, die Wracks an den Klippen des Erwachsenwerdens, die Gescheiterten des Dagegenseins).

Und weil der Mensch ein Mensch ist ...

Ich stehe also immer noch da, an diesem Stehtisch mit den Kanapees und dem jungen Banker, der so schrecklich unglücklich aussieht, und halte mich an meinem Weinglas fest. Mein Anfall moralischer Schwäche und dummer Überheblichkeit ist vorüber. Der leichte Schwindel der Arroganz hat sich verzogen. Ich beende den Klassenkampf. Indem ich erst gar nicht damit anfange.

»Wovon haben Sie denn immer schon geträumt? Als Sie Kind waren, und später, als Jugendlicher«, frage ich.

»Eigentlich«, antwortet er kleinlaut, »wollte ich Rennfahrer werden. Aber das ist lange vorbei. Ich habe dann lange Zeit davon geträumt, Krimis zu schreiben. Aber das macht heute ja jeder. Und dann habe ich noch ein Faible für Kinder. Ich liebe Kinder und habe eine Zeitlang im Urlaub mit meiner Frau Kinderbücher geschrieben. Das hat mir wirklich Spaß gemacht. Die hat aber kein Verlag genommen.«

Vor meinen Augen hat sich in Sekundenschnelle eine völlig andere Person entwickelt.

»Und Ihre Frau?«

»Meine Frau arbeitet in einer neuen Privatschule, die sie mitgegründet hat. Tolle Sache. Eine ganz neue Pädagogik, Talentförderung statt schwarze Pädagogik, kein Frontalunterricht mehr, ein sehr gutes Projekt!« Seine Augen leuchten plötzlich.

»Ich habe mir sogar schon überlegt, ob ich noch mal Pädagogik studiere.«

»Könnte Ihre Frau eine Zeitlang die Familie ernähren?«

»Hmm«, sagt er und runzelt die Stirn. »Darüber muss ich mal nachdenken. Aber eigentlich … warum nicht?«

In ALLEN von uns wohnt ein Stern. Wir müssen ihn nur zum Leuchten bringen.

3

Die Creative Economy be-greifen oder Grundsatzfragen zur großen Systemstörung

Warum Wirtschaft nicht mehr einfach planbar bleibt und wie sich unser Bild von Reichtum und Wohlstand verändert

Das Bild von Wirtschaft, wie es die meisten von uns unverrückbar in sich tragen, ist ein Bild voller Produkte, Güter und Gegenstände. Es sind Dinge, die dieses Bild füllen, materielle, gegenständliche Formen. Das können wir heute begreifen. Aber das genügt nicht mehr.

Es stimmt schon: Hinter all diesen Gegenständen und Produkten steckt menschlicher Geist, aber zu keinem Zeitpunkt der bisherigen Wirtschaftsgeschichte war der Intellekt hinter dem Geschaffenen bedeutender als dieses selbst. Immer trat die Idee hinter dem zurück, was sie – wie wir sagen – praktisch bewirkte. Das Praktische und das Reale, das schien uns eins. Nur was man anfassen konnte, begriff man auch. Das Geistige, das Schöpferische hingegen, das war bloß Mittel zum Zweck. Und es ist deshalb bis heute weitgehend der freien Interpretation überlassen, welche schöpferischen, kreativen Ansätze nützlich sind oder nicht.

In diesem Kontext befindet sich auch das Wort Kreativität. Dass sich hinter dem Begriff ein ganzer Kosmos verbirgt, der für das Verständnis einer neuen Ökonomie auf der Grundlage einer dynamischen Wissensgesellschaft von eminenter Bedeutung ist, wird übersehen. Das ist so, weil sich die Bedeutung des kreativen Faktors im Zeitalter der Massenproduktion oder, genauer, des Industriekapitalismus nur gezähmt entfalten konnte. Dieses Zeitalter geht zu Ende, das Primat der Massenproduktion ist überholt.

> *Wir gehen so selbstverständlich davon aus, dass mehr auch besser ist, dass wir uns gar nicht mehr die Frage stellen, woher diese Vorstellung kommt.*

Reichtum und Wohlstand bemaßen sich über alle Zeiten, die wir bisher erfahren durften, in der schieren Masse der Produkte und Güter, die wir anhäuften. Reich ist gleichbedeutend mit viel, und das Viele drückt sich in Gegenständlichem aus. Selbst die Einführung der Geldwirtschaft, die im Grunde mit dieser Vorstellung brach – Geld ist ein universelles Speichermittel für materielles Begehren –, konnte daran nichts ändern. Wer Geld hatte, musste das gleichsam durch die Anhäufung von Gütern und Gegenständen demonstrieren. Ökonomie, wie wir sie verstehen, ist ein Massenphänomen.

Was ist Wohlstand und Reichtum?

Reichtum durch Masse ist kein Naturgesetz und auch keine wirtschaftliche Normalität. Sie ist ein vorübergehender Abschnitt in der ökonomischen Evolution, ein Entwicklungsstück, das nun allmählich seine Bedeutung verliert – wenngleich auch nicht ganz, wie wir noch sehen werden.

Die schiere Masse diente nicht nur der Demonstration des Reichtums. Im Industriekapitalismus, der ökonomischen Methode, die auch unsere Kultur und Gesellschaft auf allen Ebenen noch bestimmt, war Masse gleichbedeutend mit sozialem Aufstieg und Chancengleichheit. Erst die industrielle Revolution sorgte in den Ländern, in denen sie sich – unter Mühen und zahlreichen Opfern – entwickelte, für existenzsichernde Bedingungen. Hunger, Krankheiten und die noch im frühen 20. Jahrhundert massiven Klassengegensätze wurden innerhalb kürzester Zeit

Wolf Lotter

überwunden. Die Lebenserwartung hat sich in weniger als 100 Jahren mehr als verdoppelt. Das Tempo der Wohlstandsgewinnung durch den industriellen Kapitalismus ist so atemberaubend, dass nicht wenige der Menschen, die diesen Wohlstand genießen, offensichtlich nicht mehr mit seinen Folgen zurande kommen – und sich gegen weitere technologische Entwicklungen sperren. Der Wohlstand des Industriekapitalismus hat einen Komplexitätsgrad nach sich gezogen, mit dem wir, seine Schöpfer, vielfach nicht mehr klarkommen.

> *Der gesamte verfügbare Wohlstand baut auf*
> *den menschlichen Geist, seine Fähigkeit, Neues und Innovatives*
> *zu erkennen und anzuwenden.*

Dafür gibt es ein deutsches Sprichwort: Man erkennt den Wald vor lauter Bäumen nicht mehr. Im Klartext: Man kann das Ganze, nennen wir es System, aufgrund seiner enormen Komplexitätsdichte nicht mehr durchdringen. In nur etwas mehr als 200 Jahren intensiver naturwissenschaftlicher Forschung hat sich eine Arbeitsteilung auf allen Ebenen der Innovation und Produktion entwickelt, die kein Mensch mehr überschauen kann. Der amerikanische Autor Isaac Asimov hat in seinem Opus magnum *Die exakten Geheimnisse der Welt* bereits 1965 festgehalten, dass es »für einen Gelehrten des frühen 18. Jahrhunderts möglich war, in allen damals relevanten Wissenschaftszweigen auf dem letzten Stand des Wissens zu sein«.

Bereits zwei Generationen danach war das unmöglich. Heute würde der Versuch, sich derart ganzheitlich zu bilden, geradezu lächerlich aussehen. Wir haben die Ökonomie der Ideen, den Dschinn, also längst aus der Flasche gelassen, und es nützt wenig, ihn sich wieder zurückzuwünschen in eine Zeit, die für die meisten Menschen überdies nichts weiter zu bieten hatte als ein kurzes und meist erbärmliches Leben.

Wohlstand mag sich immer noch in der Masse dessen ausdrücken, was wir besitzen. Doch diese Sichtweise von Ökonomie ist agrarisch, bäuerlich, in entwicklungsgeschichtlicher Hinsicht also von vorgestern. Ein Bauer, der viel Vieh hat und viel Korn, viel Wald und eine Vielzahl an Ressourcen, ist in der Tat reich – weil das Maß der Güter und Ressourcen, die er besitzt, gleichsam auch seine Fähigkeit zu überleben steigert. Wer mehr hat, kommt länger durch.

Reich oder Die Macht der Menge

Das Wort »reich« leitet sich aus zwei Stämmen ab, dem lateinischen »regnum«, was so viel wie Herrschaft bedeutet, und dem germanischen Stamm »rig«, was so viel wie »Macht« heißt. Die Etymologie gibt eine Bedeutung preis, die unser Denken entscheidend beeinflusst, ohne dass wir uns darüber im Klaren sind. Reich ist Macht, und Macht ist Masse. In dieser Logik bewegt sich die gesamte alte Welt bis zum heutigen Tag. Je mehr, desto besser. Das ist auch nicht falsch, allerdings nur die halbe Wahrheit, genauer gesagt, nur eine Seite der Medaille. Denn die Gleichung: Masse ist Macht trifft nur die Deckung der Grundbedürfnisse, der existenziellen Sicherung, der Ebene des Elementaren. Sie ist auf der Ebene, auf der diese Bedürfnisse des Elementaren gedeckt sind und andere, verfeinerte Bedürfnisse befriedigt werden wollen, schon nicht mehr gültig.

In einer Welt, in der die materiellen Grundbedürfnisse zumindest für jene Milliarden Menschen, die in der industriekapitalistisch dominierten Erdhälfte leben, gesichert sind, stellt sich die Frage nach den großen Äckern nicht mehr. Oder genauer gesagt: Wir müssen uns längst fragen, wie das Fundament dazu aussieht, die andere Seite der Medaille, die es erst möglich macht, dass wir Wohlstand und Reichtum mit Masse und Macht gleichsetzen. Dieses Fundament heißt Wissen, und das ist vor allem schöpferisches Wissen – Kreativität.

Wolf Lotter

Was ist kreatives Wissen?

Wissen ist nicht gleich Wissen. Es gibt angelerntes, tradiertes Wissen, und es gibt Wissen, das sich aus der immer wieder stattfindenden Anpassungsleistung des menschlichen Geistes an seine Umwelt ergibt. Das erste dient sozusagen der Übung, hilft dabei, das zweite, ungleich wichtigere, tun zu können. Die Herausforderungen unserer Umwelt verändern sich andauernd. Es gibt aber auch große Zäsuren, deren Zeitzeugen wir sind. Unsere Großeltern lernten, dass Technologie und Fortschritt die schlimmsten Herausforderungen der Natur in die Schranken verweisen können. Wir heute erkennen wiederum, dass die Knappheit, welche die Menschen seit Anfang ihrer Existenz in ihrem Bann hielt, nicht mehr die größte Herausforderung ist.

Wir stellen vielfach Fragen an eine Ebene. Für frühere Generationen bestanden die großen Fragen darin, welche Lösungen es für die existenziellen Probleme gibt und wie sie zu finden sind. Für uns besteht die Herausforderung dagegen in der richtigen Auswahl und Einschätzung der Instrumente, mit denen wir unseren Wohlstand sichern und die elementaren Umweltbedrohungen bekämpfen können.

Es ist nur scheinbar paradox, dass wir auch lernen müssen, mit jenen Verfahren und Methoden umzugehen, die uns im Rahmen unserer Anpassungsleistung an die Umwelt eingefallen sind. Dafür stehen Großtechnologien und Verkehr, Energie- und Versorgungsfragen, die wiederum nur durch schöpferische, also kreative Anpassungsleistungen bewältigt werden können.

Die erwähnte erste Sorte Wissen, von der hier die Rede ist, wird uns von anderen vermittelt und überliefert: von Eltern, Lehrern, Medien, Freunden und Bekannten, die ihr Erfahrungswissen mit uns teilen und uns wertvolle Informationen weitergeben, die unser Leben erleichtern. Dieser Kanon enthält Regeln, Normen, Standards, vom Alphabet bis hin zur Berechnungsformel, der Art und Weise, wie wir uns bei Tisch benehmen sollen und was unter den vorherrschenden Bedingungen als ethisch angemessen gilt und was nicht. Dazu kommt eine Fülle von Wissenseinheiten, die uns ersparen, bereits gemachte, hochgradig gefährdende

Erfahrungen wiederholen zu müssen. Wir lernen, dass es nicht ratsam ist, trotz roter Fußgängerampel eine vierspurige Straße zu überqueren. Niemand muss mehr auf die heiße Herdplatte greifen, um zu lernen, dass man sich dabei die Finger verbrennt.

Die Gesamtheit der menschlichen Erfahrungen tritt uns, geordnet, gefiltert und vielfach interpretiert, heute als Wissen entgegen. Das ist das eine Wissen. Das zweite, das schöpferische oder kreative Wissen, resultiert aus der schlichten Tatsache, dass Wissen, auch das banalste, von Exzellenz weit entfernte, sich immer wieder von selbst verändert und damit neu generiert. Es gibt eine Reihe von Schätzungen, die bei solcher Gelegenheit gerne zitiert werden, wie etwa die, dass sich die Gesamtheit des menschlichen Wissens alle vier Jahre verdoppelt. Auch wenn solche Berechnungen mit Vorsicht zu genießen sind, sind sie doch ein Indikator dafür, welchen Komplexitätsgrad unsere Welt erreicht hat – und in welchem Maße sich diese Komplexität noch weiter erhöht.

Je dichter, je »massiger« also das Wissen wird, mit dem wir konfrontiert sind, desto entscheidender wird die Fähigkeit, diesem Wissen mit eigenem Verstand zu begegnen. Wir selektieren das vorhandene Wissen ausschließlich mit unserem eigenen Wissen. Ob ein Mensch mathematische Formeln für kompliziert hält oder nicht, hängt vor allem von seinem Vorwissen, also den in diesem Fach angelernten Fertigkeiten ab. Würde es bei dieser Art von Wissensaneignung bleiben, käme es allerdings zu keiner Wissensvermehrung und Komplexitätsverdichtung. Das vorhandene, tradierte, statische Wissen könnte sich nicht vervielfältigen. Die Welt stünde still.

So ist es aber nicht. Vielmehr ziehen wir unentwegt neue Schlüsse aus dem, was ist. Dadurch entdecken wir erst neue Möglichkeiten und Perspektiven. Alle Entwicklungen gehen auf diese Form des schöpferischen Wissens zurück.

Der Durchblick oder Ich habe gesehen

Nach der Online-Enzyklopädie Wikipedia ist der Wortursprung von »Wissen« im althochdeutschen »wizzan« begründet. Das bedeutet so viel wie: »Ich habe gesehen«. Es ist keine etymologische Trickserei, das eigene, das selbst erfahrene Wissen unter diesem Wortursprung zu betrachten. Wissen, das bedeutet ursprünglich eben, über die eigenen, persönlichen Erfahrungen so zu verfügen, dass sie praktisch anwendbar werden. Das geschieht unverwechselbar und ist an Personen gebunden. Was ist ein Kreativer? Und was neu?

Und ist Wissen eigentlich alles? Wer den inflationären Einsatz des Wortes in den letzten Jahren beobachtet hat, dem muss es fast so scheinen. In der Analyse geht es aber um weit mehr. Der Begriff Wissen ist, ganz gleich, ob wir ihn nun als reproduzierbares oder als kreatives Wissen definieren, gleichsam immer ein Supersymbol. Ein komplexes Ding, das suggeriert, was dahinterstecken muss: Schule, Ausbildung, Zeugnisse, Anerkennung, Standards, Methodik, Einvernehmen, Konsens und eine Vielzahl anderer Konventionen, die wir automatisch mitdenken, wenn wir das Wort Wissen hören. Die einen sehen einen Professor als Inbegriff des Wissens, andere möglicherweise den besten Kandidaten aus »Wer wird Millionär?«. Sind Künstler Wissende? Sind Forscher Wissende im Sinne der Ideenwirtschaft? Oder denken wir gewohnheitsmäßig nur wieder in eine völlig falsche Richtung? Gesa Ziemer kennt die Antworten auf diese Fragen.

Gesa Ziemer

Forschen statt Wissen

Komponieren: Ein kreatives Prinzip
in Kunst und Wissenschaft

Es scheint, als hätte sich seit den 1990er Jahren großflächig ein neuer kreativer Imperativ entwickelt: Be creative! Wir sprechen von Kreativwirtschaft, spielerischem oder lateralem Denken, Innovation, der Creative Class, Group Creativity oder kreativer Destruktion – um nur einige Assoziationen zu nennen. Der Begriff Kreativität, der traditionell nicht nur in der Theologie, sondern vor allem auch in der Kunst gebraucht wurde, hat seine Reise in Richtung Wirtschaft angetreten. Und wie immer, wenn ein Begriff durch verschiedene soziale Kontexte wandert, verändert er sich und passt sich den Umständen, in denen er verwendet wird, an.

In der Kunst und Wissenschaft hat man diese Begriffsreise einerseits begleitet, indem man Konzepte und Tools lieferte. Andererseits hat man die Wanderung auch schmunzelnd und sogar arrogant zur Kenntnis genommen. Dieses nicht etwa, weil man meinte, sich per se in kreativeren Umgebungen aufzuhalten. Viel eher ging es um unterschiedliche Definitionen von Kreativität. Dreh- und Angelpunkt der Debatte war die Frage, wie zielgerichtet und lösungsorientiert der Begriff definiert werden kann oder soll. Vereinfacht gefragt: Heißt Kreativsein und damit Ideen produzieren Probleme lösen oder Fragen stellen?

Die ebenso vereinfachte Antwort lautete vielerorts: In der Wirtschaft werden primär Probleme gelöst, in der Kunst hingegen meist Fragen gestellt. Kreativangebote dienen einem Unternehmen, dringend notwendige Lösungen in einer komplexen Welt zu finden, verkaufbare Produkte auf den Markt zu werfen oder neue Unternehmensmodelle zu kreieren, die funktionieren. In der zeitgenössischen Kunst werden stattdessen viele Ideen produziert, die Fragen aufwerfen. Durch geschickte Strategien werden Mechanismen unserer Gesellschaft aufgezeigt, die das Publikum dazu zwingen, sich selbst zu befragen. Wenn die erfolgreiche amerikanische Performance-Künstlerin Andrea Fraser beispielsweise »Führungen« durch Kunstinstitutionen anbietet, will sie damit den Kunstevent als solchen bezüglich Sponsoring, Rolle der Medien und Vermittlung humorvoll analysieren und nicht neue Formen von Führungen etablieren. Als Teilnehmer solcher Performances wird man zu Selbstbefragungen gezwungen: Wie verhalte ich mich im Zirkus des Konsums und Glamours? Welchen Anspruch habe ich an Kunst? Könnte die Welt vielleicht auch ganz anders sein?

Gute Kunst funktioniert, wenn sie keine Antwort liefert. Ein gutes Unternehmen funktioniert, wenn es Antwort liefert. Kunst ist vieldeutig, ein Unternehmen floriert, wenn es sich eindeutig präsentiert. Kunst erforscht etwas, ein Unternehmen weiß etwas.

Man könnte diese Polarisierung endlos weiterführen und zum Resultat kommen, dass Kunst und Wirtschaft nichts miteinander zu tun haben. Das stimmt natürlich nicht, denn jeder Künstler weiß spätestens seit dem großen Kunstboom der letzten 20 Jahre, dass er heillos in die Ökonomie verstrickt ist und immer auch als Unternehmer fungiert. Aber weiß auch jeder Ökonom oder Ingenieur, dass er ebenso heillos in die Kunst verstrickt ist? Forschende Praktiken wie Entwerfen, Verwerfen, Improvisieren – also Praktiken, die jeder Komponist, Architekt, Maler oder Schauspieler nur zu gut kennt – sind aufgrund veränderter Arbeitssituationen auch zu ihren Kerngeschäften geworden. Auch das Komponieren, das nicht nur Musiker, sondern alle kreativen Menschen tun, gehört dazu.

Der Kreativitätsboom hat dazu geführt, dass man in großen Bereichen der Kunst und Wissenschaft nicht mehr so gerne über dieses Wort spricht. Es gibt jedoch auch auf dieser Seite ein ebenso großes Missverständnis, das besagt, dass Künstler und Wissenschaftler per definitionem kreativer seien als andere. Diese Vorstellung basiert auf einer bestimmten Vorstellung von individueller Autorschaft, die eine lange Tradition hat. Autorschaft wurde im 18. Jahrhundert als Genie-Ästhetik etabliert. Man glaubte, dass der Künstler, der selbstverständlich immer ein Mann war, besondere Fähigkeiten hatte, die ihn vom Rest der Menschheit unterschieden. Um 1900 wurde das Verständnis des autonomen Schöpferkünstlers dann massiv durch die Psychoanalyse erschüttert. Diese zeigte, dass wir uns nicht nur im vollen Bewusstsein unserer Möglichkeiten durch die Welt bewegen. Das Unbewusste betrat in verschiedenen Facetten die gesellschaftliche Bühne.

Die Moderne stellte die Autorschaft dann durch innovative künstlerische Verfahren, die bis heute wirksam sind, erneut in Frage. Anschließend verkündeten postmoderne Theorien gegen Ende der 1960er Jahre dann den Topos vom Tod des Autors, woraufhin drei Jahrzehnte später wiederum die Rückkehr des Autors diagnostiziert wurde. Man sieht an diesem Schnelldurchlauf deutlich, wie verzweifelt man sich bis heute am Topos des Autors abarbeitet. Halten wir nun an einer undemokratischen Idee der besonders kreativen Menschen – und damit am Genius mit allen fatalen Folgen, die uns die Geschichte lehrt – fest? Oder führen wir Kreativität eher auf Bedingungen von Arbeit und Kollektivität mit der Nebenwirkung langweiliger Nivellierung zurück?

Nehmen wir die Gefahr der Nivellierung entgegen der Gefahr, die ein Guru mit sich bringen kann, in Kauf. Creatio heißt übersetzt Schöpfen. Dieses ist nicht mehr an einen allwissenden Schöpfergott oder den kreativen Künstlergenius gebunden, der im Himmel oder Kämmerlein eine neue Welt erschafft. Theorien, die den Autor als Genius beschreiben, der mehr als andere kann und weiß, sind von Theorien, die das Kollektive und die Bedingungen des Arbeitsumfeldes thematisieren, ersetzt worden. Hier spricht man von Kreieren als Komponieren und Konzipieren. Auch denken wir bei Schöpfung nicht mehr an das Erfinden von etwas völlig Neuem – so wie Gott noch die Welt erschuf –, sondern von etwas anderem. Wer kreativ ist, komponiert die schon vorhandenen Elemente unserer Welt – seien es Worte, Körper, Töne, Technik, Räume, Gedanken etc. – immer wieder anders und schafft durch andere Wahrnehmungen andere Wirklichkeiten.

Kreative erfinden die Welt nicht neu, aber sie erfinden andere Logiken, indem sie Elemente, die auf den ersten Blick nicht zusammenpassen, neu verketten. Das Paradoxon gelungener Kreativität liegt vielleicht darin, dass jemand so wie wenige andere komponiert und damit doch für viele eine Relevanz erzeugt. Diese Aussage stimmt und sie stimmt nicht. Wir kennen Menschen, die etwas erfinden, das für viele relevant ist. Wir kennen aber auch Menschen, die unheimlich kreativ sind, ohne dabei je an Relevanz zu appellieren. Relevanz entscheidet sich oft erst viel später. Solche Künstler stiften vor allem Differenzen, sie produzieren Vielfältigkeiten, was dann als Prinzip wiederum für viele relevant sein kann.

Wie man dieses Paradoxon auch wendet, es macht eines klar: Es komponieren nicht nur Künstler. Jeder Landwirt, der heute mit seinem Betrieb überlebt, jedes Elternteil, das Kinder sinnvoll begleitet, jede Wissenschaftlerin, die Erfolg hat, ist kreativ. Schöpferische Artikulation wird nur in den verschiedenen Disziplinen unterschiedlich verhandelt: In der Regel wird sie in der Kunst mit Kreativität, in der Wirtschaft mit Innovation und in der Wissenschaft mit Forschung assoziiert.

Zu bemerken ist aber, dass diese Zuordnungen wandern. Im Zuge der Annäherung von Kunst und Wissenschaft und der enormen Erweiterung des Künstlerverständnisses wird auch der Künstler heute, zumindest im Bildungssystem der Kunsthochschulen, als Forscher definiert. Vor allem in Grenzbereichen zur Kunst fragt man sich durchaus kritisch, ob die Kunst insgesamt kognitiver und die Wissenschaft – um ein Modewort zu benutzen – hybrider geworden ist. Ebenso wird in der Wissenschaft nicht nur Seriosität und Methodentreue, sondern auch Innovation gefordert. Autorschaft wird heute durchaus als Kriterium des »guten« Unternehmerseins genannt, womit gleichzeitig ein deutliches Unterscheidungsmerkmal zum Manager geliefert wird.

Der Unternehmer als Autor gestaltet mit seinem Unternehmen eben genauso die Kultur mit und ist nicht nur an Profitmaximierung um jeden Preis interessiert. Solche Unternehmer dekonstruieren den Kreativmythos der Kunst in hohem Maße. Das wird auch klar, wenn wir uns von der andern Seite her überlegen, wie viele nicht erfinderische, sondern reproduzierende Künstler es gibt, die zum Teil technischer als die Techniker und ökonomischer als die Ökonomen arbeiten. Im Bereich der Wissenschaft ist das Problem noch viel akuter. Hier hält man, sei es auf Förderebene, in institutionellen Fragen, in Bezug auf Nachwuchsförderung und der Relevanz von Themen noch an ganz alten Hierarchien fest, in denen man sich hochdienen muss. Innovation ist an vielen wissenschaftlichen Orten immer noch ein Schimpfwort, weil es die alten Königreiche zerstören würde.

Gehen wir also davon aus, dass Komponieren als kreatives Prinzip etwas ist, das grundsätzlich in allen Bereichen gleich gut oder schlecht ausgeübt werden kann. Diese Praxis trägt immer – egal, ob aus der Perspektive des Vaters, der Architektin, des CEO, der Bäckermeisterin oder des Künstlers – Momente des Entwerfens in sich. Entwerfen ist in einer bestimmten Phase ein sehr wenig zielorientiertes, dafür experimentelles und unsicheres Verfahren, das eine Gelassenheit dem Unberechenbaren gegenüber abverlangt. Der Vorgang des Entwerfens zeichnet sich dadurch aus, dass der Prozess vor dem Produkt betont wird, die Bewegung zugunsten der Form stark gemacht und ein Spiel zwischen Dynamik und Statik gespielt wird. Mehr noch: Man braucht eine gewisse Kultur am Herausfordern des Unplanbaren, die auf Vertrauen, Ressourcen und Zeit basiert. Das experimentelle Setting gehört bereits zum Umgang mit dem Experimentellen, was nicht heißt, das dieses nicht auf bestimmten Erfahrungen oder gar Regeln und Handlungsanweisungen beruhen kann. Die Zone des Unerwartbaren kann man nicht nur in Kauf nehmen, man muss sie aktiv affirmieren.

Zweckentfremden und Umherschweifen

Ein Beispiel aus der Kunst: die Situationisten. Sie gelten als eines der am häufigsten zitierten Künstlerkollektive zeitgenössischer Kunst. Warum? Das radikale Avantgarde-Kollektiv, das bis 1972 von Paris aus wirkte,

Gesa Ziemer

fasste seine kompositorischen Techniken unter den Titeln Zweckent-fremdungen und Umherschweifen zusammen. Zweckentfremden gelang dann, wenn man etwas aus vertrauten Kontexten herausschnitt und in völlig andere Umgebungen stellte. Die Situationisten malten der Mona Lisa den berühmten Schnurrbart, schnitten Sprechblasen aus Comic-strips aus, setzten revolutionäre Texte in Sprechblasen und montierten das Zwischenprodukt zu guter Letzt an einen dritten Ort (etwa in porno-grafische Fotos). Diese Entfremdungen, die damals noch manuell mit Schere und Klebstift hergestellt wurden, hatten zu ihrer Zeit ein riesiges Provokationspotenzial und sind Vorläufer vieler heutiger Werbe- und Designstrategien, Musikvideos oder zeitgenössischer Kunst.

Ausstellen lassen wollte sich das Kollektiv nie, um dem durchschau-baren Spektakel des Konsums zu entkommen. Sie sahen ihre Kunst viel eher interventionistisch und situationistisch. Vor Ort waren ihre Aktio-nen sehr wirksam, aber auch flüchtig und niemals reproduzierbar – ein Diktum, an dem sich die gesamte Performance-Kunst ab den 1960er Jah-ren stark orientiert hat. Durch nächtliches exzessives Umherschweifen in den Städten wollten die Radikalflaneure neue Bewusstseinszustände erreichen. Der Einnahme von Drogen nicht abgeneigt, erfanden sie die Psychogeografie, auf die sich auch Architekten und Stadtplaner heute gerne beziehen, mit der sie Städte nicht aufgrund von Diagrammen, Sta-tistiken und Grenzen vermessen haben, sondern wahrnehmungsorien-tiert mit Hilfe von Licht, Intensitäten und Begegnungen. Sie zerschnitten Stadtteile und fügten diese neu zusammen. So entwarfen sie ihr neues Paris.

Neben diesen bekannten Techniken zeigen uns die Situationisten noch etwas anderes: Sie wollten um jeden Preis Avantgarde sein und ver-traten gleichzeitig den Anspruch, jeden elitären Gestus zu verweigern. Das klappte natürlich nicht, was folgende Anekdote zeigt: Guy Debord, der Kopf der Gruppe, gab keine Interviews und trat nie im Fernsehen auf. Als das Centre Georges Pompidou der Gruppe 1989 die erste große museale Show widmen wollte, weigerte er sich, die Ausstellung anzu-schauen. Konsequent, wie er war, schlug er sogar das Angebot aus, diese über Nacht zu besuchen, wenn ihn keiner seiner zahlreichen Gegner dabei hätte beobachten können. Diese Anekdote zeigt, wie paradox ihr Wirken und Handeln war, und sie zeigt, wie stark es an Leidenschaften und die Fähigkeit des Wünschens gebunden war.

Kreationen haben nicht nur mit einem überschwänglichen Ideenreichtum einzelner Menschen zu tun, sondern auch mit der Fähigkeit des kollektiven Wünschens. Die Situationisten wünschten sich eine Welt, die noch nicht existierte. Wünschen durchbricht Alltagszwänge und definiert diese als nicht statisch gegeben. Wünsche sind nie auf Vorhandenes ausgerichtet, sondern adressieren das Unmögliche und können nicht einfach konsumistisch befriedigt werden. Die Situationisten wollten avantgardistisch und demokratisch zugleich sein, die Kunst in das Leben überführen, Paris lieben und gleichzeitig hassen, Erfolg haben und sich dennoch dem stumpfen Konsum verweigern. Ihre Faszination basierte auf dem radikalen Ausreizen dieser Paradoxe, die immer Paradoxe bleiben.

In Referenz auf die Situationisten könnte man sich durchaus vorstellen, konventionelle Kreativitätsseminare durch Wunschproduktionstrainings zu ersetzen. Wünschen ist eng an das Generieren von Ideen gebunden. Wünsche sind beharrlich, vielleicht immer stärker als man selber, sie zwingen zur Aktivität, wenn man nicht nur schwelgen, sondern auch handeln will. Beharrliches Wünschen, das keine Erfüllung finden will, lähmt oder macht erfinderisch. Man muss es nicht unbedingt zu psychoanalytisch deuten, sondern vielleicht eher sportlich – als Training eben.

Heitere Anarchie und Opportunismus

Komponieren geht, obwohl es ein Handwerk ist, nie ausschließlich in einer funktionalen Logik des Bauens auf. Es ist immer auch ans Offene gerichtet. Wir sind vielleicht mehr denn je darauf angewiesen, Ideen zu produzieren, und wir brauchen dabei Hilfestellungen vielerlei Art. Gleichzeitig sind die meisten von uns bereits ständig am Komponieren und auch Improvisieren, weil nichts so verläuft, wie man es sich eigentlich dachte. Die Stärke der Improvisation zeichnet sich durch schnelle

Entscheidungsfähigkeit, rasches Urteilsvermögen und situatives Denken aus. Das ist im Arbeitsalltag keine Ausnahme, sondern der Normalzustand.

Der Wissenschaftstheoretiker Paul Feyerabend hat diese Dynamik schon in den 1970er Jahren für die Forschung beschrieben, als er für eine »heitere Anarchie« in den Wissenschaften plädierte, welche die Forschenden in vielerlei Hinsicht enthemmen sollte. Das Wort Anarchie ist so alt wie die abendländische Zivilisation. Seit es Herrschaft gibt, gibt es auch Ideen herrschaftsfreien Lebens. Das Wort bedeutet: keine Herrschaft, also Abwesenheit von Macht und Hierarchie. Es ist interessant, dass Anarchie in der westlichen Kultur sofort negative Assoziationen wie Chaos, Unordnung, Verwilderung und Zerstörung provoziert. Die Bedeutung des Wortes hat sich heute weitgehend auf unsere Ängste reduziert. Das ist in etwa so, als wenn man »Zahnarzt« mit »Folter«, »Liebe« mit »Sünde« oder »Ökologie« mit »Rückschritt« übersetzen würde, schreibt der Anarchismusforscher Horst Stowasser. Feyerabend war ein Wissenschaftsanarchist, der an dissidentem Wissen interessiert war. Mit Hilfe seines kontrainduktiven Vorgehens stellt er Fragen wie: Warum haben wir Elemente der Naturheilkunde als abseitig definiert und die Schulmedizin als anerkannt? Sollten Universitäten das Fach »Dissidentes Wissen« einrichten? Aus seiner Sicht litt die Forschung unter der ewigen Reproduktion ihrer Methoden. Was diese viel eher bräuchte, sind neue Methoden, die je nach Phänomenlage neu komponiert werden müssten.

Opportunisten vor

Die Forscherfigur, die ganz besonders gut an dieser heiteren Anarchie teilnehmen kann, ist der bedenkenlose Opportunist. Er ist an kein Dogma gebunden und kann jede gerade geeignet scheinende Methode anwenden. Damit codiert Feyerabend – ähnlich wie schon bei der Anarchie – die negative Bedeutung eines Wortes um, indem er dieses mit einer produktiven Semantik belegt. Opportunisten sind nicht einfach

Menschen ohne Rückgrat und Standpunkt, sie sind viel eher fähig, virtuos mit den Ereignissen zu spielen. Rücksichtslose Opportunisten, wie er diese experimentell veranlagten Forscher auch nennt, suchen nicht, sie finden. Sie operieren im Namen einer Affinität, die noch nicht vorgegeben ist. Sie sind verführbar und wildern als Agenten ihrer eigenen Überraschungen, im Guten wie im Schlechten. Feyerabend war leidenschaftlicher Relativist, und er kannte die Regeln der Forschung sehr gut. Für die Forschung stellt sich die Frage, wie gut innovative Anarchisten ihre Methoden kennen müssen, um sie zu durchbrechen. Ihm gelang die Provokation in der Wissenschaft hervorragend. Er reagierte auf die Ängste, die Anarchie und Opportunismus bei uns auslösen, äußerst gelassen und meist mit Humor.

Kollektive Kreativität

Mit einem gesunden Misstrauen den Institutionen gegenüber ausgestattet, die seiner Meinung nach Kreativität oft verhinderten, vertrat er ebenso die Ansicht, dass Ideen nicht nur das Individuum produzierte, sondern vor allem Kollektive. Gehe immer davon aus, dass jemand im Raum ist, der besser ist als du – so könnte man seine Devise formulieren. Der Teamgedanke hat sich durchgesetzt und beherrscht die Arbeitswelt inzwischen fast wie ein Dogma. Firmen bieten ihren Mitarbeitenden die absurdesten Veranstaltungen an, damit diese einfache Grundlage menschlichen Zusammenseins (wieder) erlernt wird. Das Angebot reicht vom Outdoor-Erlebnis über gemeinsames Laufen über glühende Kohlen bis zum Mensch-Pferd-Führungsseminar. Man fragt sich, warum diese symbolischen Aufladungen passieren müssen, damit simple Fähigkeiten wie Zuhören, Fragenstellen, Aufeinandereingehen wieder gestärkt werden. Dabei geht es immer auch darum, die Produktivität eines Teams zu erhöhen, damit es nicht in nutzlosen Sitzungen kollektiv wegdämmert.

Black Mountain College – BMC

Eine legendäre Institution, an der kollektive Kreativität großgeschrieben wurde, war das Black Mountain College (BMC), das von 1933 bis 1956 im nordamerikanischen Bundesstaat North Carolina von Künstlern, Wissenschaftlern, Technikern, Galeristen und Ökonomen belebt wurde. Avancierte Bildungseinrichtungen wie Kunsthochschulen beziehen sich heute oft auf das BMC, das sich als Ausbildungsstätte und Lebensgemeinschaft zugleich dem radikalen Experimentieren verschrieben hatte. Die Ausbildung basierte einerseits auf simplen Ressourcen der Natur wie Sauerstoff, ausreichend Platz und auf einem funktionierenden Gemeinschaftsgefüge.

Das College funktionierte zudem konsequent interdisziplinär, indem Architekten (Buckminster Fuller), Tänzer (Merce Cunningham / Viola Farber), Maler (Eliane und Willem de Kooning), Musiker (John Cage) und viele andere temporär intensiv zusammen arbeiteten und lebten. Es wurden Modelle gebaut, Choreografien entworfen, Musikstücke komponiert, Stoffe gewebt und Texte geschrieben, die bis heute zum Standardrepertoire von Kunstausbildungen gehören.

Besonders interessant ist das Ausbildungskonzept, mit dem der Philosoph John Andrew Rice sein Amt als Gründungsrektor des BMC antrat. Rice, ein Oxford-Absolvent, war ein bekannter Lerntheoretiker, der experimentelle Lehrformen propagierte. Beflügelt durch den Unterrichtsstil von Sokrates, trat er in Lehrveranstaltungen nur als Fragender auf. Anstatt seine Studierenden mit einfachen Antworten zu beruhigen, fragte er beharrlich, ließ sie selber nachdenken, beunruhigte sie mit seiner produktiven Verweigerungshaltung und ließ sie stattdessen selber neue Fragen erfinden. Rice wurde aufgrund dieses Ansatzes 1933 vom Rollins College in Florida, an dem er vorher lehrte, gefeuert. Er nahm diese Erfahrungen mit ans BMC und formulierte seine Auffassung zur Rolle von Kunst in der Gesellschaft so: Black Mountain sollte keine Kunstschule sein, vielmehr sollten künstlerische Praktiken das Zentrum einer guten und umfassenden Ausbildung sein.

Rice erwartete nicht, dass jeder Abgänger ein Künstler werden sollte, sondern dass Kunst das Talent aus jedem Einzelnen herauslockte, dass Kunst den Studierenden eine Lebenshaltung beibrachte und eine Sensibilität der Welt gegenüber förderte. Künstlerische Praxis definierte nicht primär ein Berufsfeld, sondern formte eine freie Persönlichkeit, die sich nicht durch kulturell erschaffene Grenzen wie Disziplinen, Methoden oder Traditionen einschränken ließ. Disziplinen waren für ihn Kontrollsysteme, die Diskurse reproduzierten, anstatt anderes zu produzieren. Deshalb sollte nicht primär die Reproduktion von Techniken erlernt werden, sondern der möglichst experimentelle Umgang mit diesen.

Der BMC-Begründer erinnert an ein großes Missverständnis unserer Zeit: Heute ist es leider immer noch so, dass man sich mit Kunst umgibt, um sich zu dekorieren und um einen irrationalen oder emotionalen Ausgleich zur rationalen Welt der Kapitallogik, Pläne, Diagramme und der Technik zu schaffen. Damit gemeint sind nicht nur die schmückenden Bilder in den Gängen repräsentativer Büros, sondern auch all die niedlichen Seminare, in denen Künstler mit Personalmanagern malen oder Sänger mit Marketingexperten Stimmtrainings absolvieren. Auch das überaus beliebte Klarinettenquartett am Ende einer Konferenz ist das Beispiel einer verpassten Chance. Solche Settings führen nicht dazu, dass die verschiedenen Bereiche auf Augenhöhe gemeinsam Ideen kreieren.

Nebenbei bemerkt: Eine neue Studie zur Bebilderung der Büros von Managern zeigt, dass sich diese überwiegend vor abstrakten Bildern zeigen, weil diese Malerei eben ungegenständliche und damit rationale Prinzipien verkörpere, die ihrer Lebenshaltung und Unternehmensführung entsprächen. Die Ironie der Geschichte ist, dass abstrakte Maler oft genau das Gegenteil implizierten: nämlich gerade kein rationales Reden über Kunst, das aufgrund der Unlesbarkeit ihrer Bilder verunmöglicht werden sollte. Aber egal, es funktioniert.

Der Punkt ist, dass es auch in der Ökonomie und Technik nicht so rational zugeht, wie es gerne vermittelt wird, und wir uns deshalb mit viel fundamentaleren Fragen beschäftigen müssten. Der französische Soziologe Bruno Latour behauptet: Wir befinden uns heute alle in kollektiven Experimenten. Das Klima, den Beamer, die Finanzkrise, den Laptop, die Globalisierung – wir verstehen diese Phänomene nicht, aber wir müssen handeln. Wir handeln, bevor wir etwas wissen. Und wir handeln alle, nicht nur diejenigen im weißen Kittel und mit Doktortitel.

Wir sollten unseren Umgang mit diesen Blackboxes deshalb mehr als Forschende und nicht nur als Wissende pflegen, wir sollten aus Tatsachen vermehrt Sachverhalte machen, die gemeinsam diskutiert werden können. Wenn wir von so einer gesellschaftlichen Lage ausgehen, dann ist es völlig egal, ob sich jemand als Künstler, Ökonom oder Wissenschaftler definiert, es kommt einzig auf den Mut und die Größe an, sich seiner eigenen Verletzbarkeit gewahr zu werden, die dann in eine große Stärke umgemünzt werden kann.

Lieber Forscher als Wissenschaftler sein! – so lautet die Devise. Interdisziplinären Veranstaltungen, die zur Folge haben, dass jeder danach wieder ungestört an seine Arbeit geht, sind sinnlos. Treten jedoch Störungen oder Missverständnisse zwischen den Disziplinen auf, kann es zur produktiven Transformation kommen. Nicht zu vergessen ist, dass eine ernsthafte Verknüpfung dieser Bereiche an eine ganz alte Tradition anschließt, an die wir uns ab und zu erinnern könnten. In der Renaissance gab es viele Ingenieure, die auch Bildhauer waren, viele Maler, die auch als Juristen arbeiteten, und viele Poeten, die sich als Kaufleute betätigten. Interdisziplinarität fand sich bereits innerhalb der einzelnen Personen.

Zurück zum Experiment: Das Wort Experiment kann man als Unternehmen mit ungewissem Ausgang definieren. BMC zeigt, dass es sehr anspruchsvoll ist, experimentelle Umgebungen zu schaffen, in denen Ideen generiert werden können. Das College weist auf mindestens vier Bedingungen hin: Ressourcen, eine hohe Fehlertoleranz, Differenz und kollektive Strukturen. Von den Ressourcen, wie Zeit, Internetzugänge und Geld, scheint mir Zeit die am meisten unterschätzte Ressource zu sein. Gewisse Kreativromantiker gehen allzu oft noch davon aus, dass Ideen vom Himmel fallen und keine Ressourcen beanspruchen. Auch die monetäre Logik der Kreativwirtschaft funktioniert entsprechend oft nach diesen romantischen Prinzipien. Es ist nicht unüblich, dass man Ideen in Brainstormings liefert, Artikel schreibt oder Vorträge hält – ohne dafür adäquat bezahlt zu werden. Ebenso müssen wir beim Experimentieren meistens mit einer hohen Fehlerquote rechnen. Wir kennen nur die überlieferten Erfolge und vermuten, dass es auch eine Unmenge an fehlgeschlagenen Experimenten gibt, die nie überliefert wurden. Fehler deuten jedoch nicht einfach das Scheitern an, sie sind viel eher Teil von Prozessen. Wer Fehler für sich und sein Umfeld so definiert, investiert primär in das Experiment und den Prozess und nicht nur in den Erfolg und das Produkt.

BMC zeigt eindrucksvoll, dass ein Schlüssel zu den vielen Erfolgen jedoch vor allem ein spezifisches Gemeinschaftsprinzip war, das auf Differenz beruhte. Es handelte sich nicht um eine harmonische, im Gleichklang arbeitende Gemeinschaft, sondern um eine Gruppe mit sehr verschiedenen Menschen mit extrem unterschiedlichen Qualitäten und Arbeitsstilen. Es war eine Community, die es aushielt zu streiten. Das aktive Herstellen von Differenzen ist ein kompositorisches Prinzip, das der Philosoph Gilles Deleuze unter dem Titel Differenz und Wiederholung zusammenfasste.

Komponieren lässt sich im Wesentlichen durch Wiederholen beschreiben. Das klingt öde, ist es aber nicht, wenn wir vor allem wiederholen, um Differenzen herzustellen. Im BMC gab es ein großes Potenzial an Differenzen zwischen Menschen, die nicht nur tolerant einander gegenüber waren, sondern als heterogene Gruppe viel besser performt haben als homogene. Unterschiedlichkeit wurde nicht nur in Kauf genommen, sondern als Quelle von Kreativität verstanden – ein sinnvoller Ansatz, der heute beispielsweise explizit im Diversity Management vertreten wird. Das Personalmanagement muss solche Teams oft gar nicht mehr künstlich herstellen, denn meist bestehen diese aufgrund unterschiedlicher Ausbildungen, Geschlechtsidentitäten, Migration, interdisziplinären Projektanlagen zumindest in urbanen Umgebungen bereits. Unsere Chancen auf Kreativität liegen in diesen sozialen Durchmischungen.

Wer mutig komponiert, erfindet immer etwas. Die Protagonisten dieses Textes sind nicht einfach liberal, sie suchen aktiv Differenz. Sie kommen als Forschende und weniger als Wissende zusammen. Sie entfremden, schweifen umher, entwerfen, wünschen das Unmögliche, sind anarchistisch, opportunistisch und affirmativ. Unsere Gesellschaft komponiert, bevor wir es tun. Sie spielt den Ball an uns zurück, den wir nur aufgreifen und weiterspielen müssen.

4

Was ist Kreativität
oder Wie ein weicher Begriff zu
einem ganz harten Kern
der neuen Wirtschaft wird

Ist jeder kreativ? Das Ende einer Legende

Der schludrige Umgang mit dem Wort »Kreativität«, der nach wie vor herrscht, legt nahe, dass jeder irgendwie kreativ sein könnte – doch mit derlei Unschärfen kommt man nicht weiter, wenn man das Wesen des kreativen Prozesses zu erklären versucht. Mit der Wohlstandsgesellschaft, die spätestens in den 1970er Jahren auch die untere Mittelschicht in Deutschland und im restlichen Westeuropa erfasste, begann Kreativität zu einem Attribut gelangweilter Hausfrauen zu werden. Sie kauften sich Acrylfarben oder Töpferscheiben, bemalten Küchenfenster oder bedruckten Stoffe. Eine schöne Sache – die allerdings dem Kreativitätsbegriff in unserer Kultur nicht weniger geschadet hat als die Attitüde mehrerer Künstlergenerationen, die ihre Talente und ihr Können merkwürdigerweise vorwiegend auf eine esoterische Ebene stellten. Dass, wer kann, auch können muss – ist allerdings ein Fakt. Die Voraussetzung dafür, schöpferisches Wissen anzuwenden, ist ohne Zweifel das Beherrschen tradierten (expliziten) Wissens. Erst der sichere Umgang mit explizitem Wissen bildet ein Fundament für schöpferische Ideen in einem Feld.

Wer also ist kreativ? Ganz einfach: wer in der Lage ist, Neues zu schaffen. Nun, da fühlt sich jeder angesprochen. Doch tatsächlich stellen wir hier die wesentliche Frage: Ist dieses »Neue« für andere nützlich? Erfüllt es auf einem Markt einen Zweck? Kann jemand damit etwas anfangen? Und, nicht vergessen, wird jemand auch einen angemessenen Preis dafür bezahlen?

Ein Musikliebhaber, der ausgezeichnet Klavier spielen kann, nähert sich der Musik von Johannes Brahms, einem äußerst schwer zu interpretierenden Meister der deutschen Klassik, intensiv an. Unser Musikfreund vermag die kompliziertesten Klavierstücke des Meisters präzise zu spielen. Er kennt dessen Lebens- und Arbeitsumstände genau und imitiert sie in seinem eigenen Leben. Keine Biografie, die er nicht gelesen hat, kein Stück, das er nicht als Partitur vorliegen hat und spielen kann.

Johannes Brahms hat vier Symphonien hinterlassen. Kann unser Musikliebhaber eine fünfte Brahms-Symphonie schreiben? Nein, das ist unmöglich. Alles, was unser Freund kann, ist, eine gewisse Perfektion in explizitem Wissen zu erlangen, er kann Brahms reproduzieren, perfekt zugegebenermaßen, aber er ist nicht Brahms. Das ist keine banale Frage, sondern verweist wiederum auf die wesentlichen Unterschiede zwischen Original und Kopie, wie sie Walter Benjamin in seinem Essay *Das Kunstwerk im Zeitalter seiner technischen Reproduzierbarkeit* so präzise beschrieben hat. Mit der reinen Reproduktion des Könnens ist noch kein kreativer Prozess verbunden.

Je exakter kopiert wird, desto weniger, könnte man sogar sagen. Demgegenüber sind aber etwa Neuinterpretationen durchaus eine eigenständige kreative Leistung. Davon leben etwa Dirigenten, die in der Lage sind, einem klassischen Musikstück »ihre eigene Note« zu verleihen, und in der Tat sind die Unterschiede zwischen den Maestros erheblich, sozusagen »spielentscheidend«. Können, ein anderes Wort für kreative Fähigkeiten, ist eine persönliche, unteilbare Sache. Wir werden im Laufe dieses Buches noch mehrmals darauf hinweisen: Kreativarbeiter sind nicht ersetzbar. Ihr Mehrwert wird geradezu durch ihre Unterscheidbarkeit generiert. Auch das ist eine Zäsur in der Ökonomie.

Dabei geht es sowohl um die Neuinterpretation vorhandener Sachverhalte wie auch um absolute Neuschöpfungen, um Invention ebenso wie um Innovation, um die von Joseph A. Schumpeter bereits 1912 eingeführte Differenzierung zwischen »Erfindung« und »Erneuerung« als Ausgangspunkt zu verwenden. Die Invention, auch Verbesserungserfindung genannt, ist dabei ein Schritt zur Optimierung eines Systems. So groß er auch sein mag, wird er nicht das gesamte System nachhaltig verändern. Die »echte« Innovation erzeugt in ihrem Akt der »schöpferischen Zerstörung« etwas Neues, eine Folge von Kombinationen, die eine Kette von Unternehmungen und Operationen auslösen. Beispiele für »echte« Innovationen sind die Dampfmaschine, der Verbrennungsmotor und der Computer. Sie alle haben eine Vielzahl an Systemveränderungen mit sich gebracht.

Im industriellen Kontext wird heute allerdings kaum zwischen Invention und Innovation unterschieden. Das Marketing verkauft praktisch alle Verbesserungen eines Produktes oder einer Dienstleistung als Innovation, was selten richtig ist. Es ist aber sicher nicht falsch, den Begriff des Kreativen oder Creative Workers (Kreativarbeiter) für beide anzuwenden, für den Inventor ebenso wie den Innovator. Dabei soll man ruhig den Nutzen der kreativen Arbeit für das Unternehmen, in dem sie geleistet wird, im Auge haben.

Eine Invention, beispielsweise die Einführung eines einfach zu bedienenden, ergonomisch gut gestalteten Abspielgeräts für MP3-Dateien samt zugehörigem Webshop (wir sprechen, wie Sie schon bemerkt haben, vom iPod/iTunes-System des kalifornischen Computerherstellers Apple), stellt zwar keine Innovation im klassischen Sinn dar – denn sowohl digitalisierte Musikdateien wie auch Onlineshops und Abspielgeräte waren bereits lange vor dem Apple-System auf dem Markt –, wohl aber eine höchst erfolgreiche Verbesserungserfindung. Selten wird man eine Invention von einer Innovation – zumal vom jeweils aktuellen Ausgangspunkt betrachtet – unterscheiden können. Systemveränderungen sind in der Regel komplexe, langfristige Prozesse. Inventionsnutzen entsteht relativ kurzfristig, kann aber, wie das Beispiel des iPod/iTunes-Systems zeigt, auf einen vorhandenen Trend (Digitalisierung von Musik) so aufgesetzt werden, dass sehr hohe Marktanteile erzielbar sind.

Wie wird man Kreativwirtschaftler oder
Was wir über das Lernen lernen müssen

Mechatroniker und Ärzte, Piloten und Maschinenbauingenieure durchlaufen eine Ausbildung, die für alle das gleiche Maß an Wissen bereithält. Dieses tradierte oder explizite Wissen, wie es Michael Polanyi nannte, steht allen Fachleuten gleichermaßen zur Verfügung. Die entscheidende Frage ist aber, was der Einzelne daraus macht. Zu den expliziten Wissensinhalten würden sogar – nach Polanyi – jene Inhalte zählen, die ein Fachmann oder eine Expertin in irgendeiner Form allgemein ausdrücken kann. Wenn also der Pilot in der Lage ist, nach Absolvierung eines kniffligen Ausweichmanövers exakt wiederzugeben, was in den Sekundenbruchteilen seiner Entscheidungsfindung geschah, wie er anschließend den Schub steigerte oder reduzierte oder eine andere Maßnahme ergriff, um einem sich rasch nähernden Objekt auszuweichen, dann handelt es sich dabei um explizites Wissen. Das ist das Wissen, das man auch Bausteinwissen nennen könnte – denn andere können daraus ihre Schlüsse ziehen, also dieses Wissen nutzen.

Ähnliches kann man auch von einem Komponisten sagen, der seine Musik zu Papier bringt, also Noten schreibt und auch die entsprechenden Notationen zur Instrumentierung anbringt. All das ist explizit, ausdrücklich. Aber ist das tatsächlich alles? Jeder von uns weiß, dass er das Wissen, das er sich in Ausbildung und Schule, an Universitäten, aus Medien und Büchern angeeignet hat, auf seine Weise anwendet. Es gibt Prozesse, die wir beherrschen, die wir aber nicht beschreiben können. Es gibt Schauspieler und Autoren, die ausschließlich mit Sprache arbeiten, aber keine oder nur wenig Ahnung vom theoretischen Gerüst dieser Sprache haben. Sie würden bei einem simplen Grammatiktest durchrasseln, vorausgesetzt, man würde sie danach fragen, wie das, was sie an implizitem Wissen haben, explizit heißt.

Hier haben wir das Problem: Wissen ist nur zu einem Teil vermittelbar und teilbar. Das implizite Wissen, man könnte es auch Know-how nennen oder Können, ist etwas, was untrennbar an die Person gebunden ist, die dieses Wissen anwendet. Schon damit hat die klassische Wissens-

Wolf Lotter

vermittlung und die traditionelle Ökonomie ein großes Problem vor sich. Denn wir bilden ja Fachleute nach einem klaren Muster aus, und es bringt nach diesem Ausbildungsmuster wenig, wenn der Träger der Ausbildung danach mehr oder weniger stark implizites Wissen anwendet. Dieses Wissen ist nicht teilbar, es ist persönlich. Solche Wissensträger können nicht einfach ersetzt werden, wie vielleicht ein Fachmann, der ausschließlich explizites Wissen reproduziert. Es ist einfach, einen Maschinenbauingenieur in einer Fabrik durch einen anderen Maschinenbauingenieur zu ersetzen, solange man unterstellt, dass die Fähigkeit des ersten Ingenieurs ausschließlich in tradiertem, explizitem Wissen besteht. Nun aber ist überdeutlich:

> *Das implizite Wissen entscheidet stärker*
> *darüber, ob jemand zum Erfolg oder Misserfolg eines*
> *Unternehmens beiträgt.*

Wie lange dauert ein Geistesblitz? Was braucht er zur Zündung? Was darf er kosten?

Drei Richtlinien für den Umgang mit Kreativarbeitern

Wer einen schöpferischen, innovativen Einfall hat, den »küsst die Muse«, heißt es. Aber wie lange dauert so ein Kuss? Darauf gibt es eine ganz klare Antwort: maximal vier Sekunden. Das ist das Ergebnis aufwendiger Forschungsarbeiten, die der russische Biochemiker und Nobelpreisträger Ilya Prigogine durchgeführt hat. Das ist die Zeit des Bewusstseins, ihr Takt, die maximale Dauer, die für einen Gedanken zur Verfügung steht. Prigogine nennt diese Spanne »Eigen-Zeit«, die nichts weiter ist als das, was wir relativ sorglos »Gegenwart« (Jetzt) nennen.

Alle Vorgänge, die vor der jeweils aktuellen Eigenzeit stattfinden, werten wir als vergangen, alle anderen erdenken wir uns als »zukünftig«. Das ist nicht viel Zeit – zumal die vier Sekunden der Höchstwert sind, der in den meisten Fällen (Gedanken) deutlich unterboten wird. Aus dieser biochemischen Eigenheit des Gehirns, dessen »Taktfrequenz« gleichsam durch die Eigenzeit angegeben ist, kann ein zusammenhängender Gedanke nie länger als die Eigenzeit dauern.

Komplexere Gedanken müssen also miteinander verknüpft werden, das heißt, das Gedächtnis und das Bewusstsein kooperieren miteinander.

Wenn wir uns in einer solchen Denkkette bewegen, sind wir äußerst sensibel und leicht ablenkbar. Eines der schönsten Beispiele dafür liefert ein Experiment der amerikanischen Neurowissenschaftlerin und Psychologin Shelly Carson von der Harvard University.

In ihrem richtungweisenden Experiment setzte Carson eine Reihe von Versuchspersonen in einen Raum. Die Kandidaten, vorwiegend Studenten, waren handverlesen, nach langen Vortests und eingehender Beobachtung ihres Verhaltens ausgewählt worden. Die erste Gruppe bestand aus Personen, die jede noch so tumbe Tätigkeit ohne großes Murren erledigten. Sie waren in der Lage, vorgegebene Aufgaben mit Gleichmut abzuarbeiten. Eigenständiges Denken lag ihnen nicht besonders. Sie lernten brav, in der Regel auswendig, was man ihnen vorgab, ohne große Zweifel an den ihnen vorgelegten Inhalten zu äußern. Konfrontierte man sie mit einem neuen Problem, herrschte in der Regel Flaute im Oberstübchen.

Die zweite Gruppe hingegen stellte Carson aus auffällig kreativen Studenten zusammen. Ihre schöpferische Begabung war auch ohne Vortests klar erkennbar. Sie gehörten zu der bei Professoren nicht zwingend beliebten Kategorie Schüler, die nahezu alles hinterfragen, was man ihnen vorlegt, und die sich auch nicht mit einfachen, vorkonfektionierten Antworten abspeisen lassen. Carson ließ nun den Versuchspersonen über Kopfhörer einen Text vorlesen, in dem gelegentlich absurde Begriffe auftauchten, Fantasiewörter. Diese sollten die Testpersonen zählen. Das wurde den Probanden auch so mitgeteilt.

Doch das eigentliche Experiment lief – heimtückischerweise – im Hintergrund ab. Die Versuchspersonen hörten nämlich nicht nur die klare Stimme des Sprechers, der die angekündigte Aufgabe vorlas, sondern immer wieder auch störende Hintergrundgeräusche. Mit dem Ergebnis des Versuchs war die Hirnforscherin höchst zufrieden. Es kam, wie es kommen musste. Die erste Testgruppe registrierte die Störung praktisch nicht. Sie zählten, wie es ihnen geheißen wurde, die falschen Begriffe wie Erbsen, und auch ihr Gesichtsausdruck änderte sich kaum, wenn Störgeräusche auftraten. Sie erwiesen sich als perfekt geschlossene Systeme, Menschen wie geschaffen für Fließbänder, Buchhaltungstabellen und zur Formularbearbeitung.

Die Mitglieder von Gruppe zwei hingegen versagten. Schon einige Störungen genügten, um sie völlig aus dem Konzept zu bringen. Die wenigen unter ihnen, die mit aufgefasertem Nervenkostüm den Test zu Ende führen konnten, wiesen eine exorbitante Fehlerquote auf.

Die Wissenschaftlerin fand bestätigt, was in den 1970er Jahren schon von ihrem Kollegen Hans Eysenck vermutet worden war:

Kreative sind deshalb kreativ,
weil ihr Gehirn auf Sinnesreize aller Art höchst offen reagiert.

Im Durchschnittshirn sorgt ein Mechanismus namens »latente Hemmung« dafür, dass Reize von außen mehr oder weniger abgeblockt werden. Menschen mit ausgeprägter latenter Hemmung sind durch nichts aus der Ruhe zu bringen und von ihren Routinen abzulenken. Unbekanntes, Neues – das perlt an ihnen ab wie Wasser auf frischem Lack. Ganz anders ist das Denkorgan von Kreativen geschaltet. Die latente Hemmung ist schwach entwickelt, das Gehirn ist auf 360 Grad offen, zu allem bereit, rund um die Uhr.

Um die Sache einfacher zu machen, nennen wir die erste Testgruppe von nun an die Gehemmten.

Und die zweite, die der leicht reizbaren Kreativen, die Gestörten.

Daraus folgt, dass kreativ Schaffende völlig andere Arbeitsbedingungen brauchen als Menschen, die einen (eingespielten) reproduktiven Prozess abwickeln. Der weithin praktizierte Schwachsinn, kreative Arbeiter »zwecks Kommunikationsverbesserung« in Großraumbüros zu pferchen, wird heute noch vielerorts geglaubt. Damit »stört« man aber nicht nur wesentlich den Kreativen selbst, sondern verhindert auch eine effiziente Umsetzung kreativer Arbeit. Es ist kein Zufall, dass mit dem Aufkommen der Kopfarbeit im 20. Jahrhundert als dominierende Produktionsform gleichsam eine kunterbunte Welle von Entspannungstechniken und ein Mischmasch interkultureller Kontemplationsweisheiten Platz griff. Die Palette reicht von der Meditation über Yoga bis hin zu Feng-Shui-Techniken.

Viel Wunderliches darunter, auch viel Zweifelhaftes. Aber woher, muss man fragen, kommt das Bedürfnis nach diesem esoterischen Spuk? Ganz offensichtlich hat die postindustrielle Arbeitswelt keine Antworten gegebenen auf das Ruhe- und Konzentrationsbedürfnis der Kopfarbeiter, der kreativen Klasse, die so leicht zu stören ist. Dabei ist es eigentlich ganz einfach: Die Vorlagen für richtiges, ungestörtes Arbeiten gibt es schon lange. Wir alle wissen, dass in den klassischen Bibliotheken strikte Ruhepflicht herrschte – und wir wissen auch, warum. In Klöstern, in Stätten der geistigen Arbeit, waren die Ruhegebote zentrale Regeln des Zusammenlebens. Heute hingegen mischt sich die laute Unterhaltungsgesellschaft mit einer angestrengt nach Ruhe suchenden Kopfarbeiterklasse.

Volle Konzentration auf eine herausragende schöpferische Arbeit braucht Ruheräume, die im industrialisierten Milieu der Städte, aber auch der Dörfer und Vororte, kaum noch existieren. Gefragt ist eine Architektur, die diesen Anforderungen gerecht wird, und darüber hinaus eine Stadtplanung, die, falls sie auf den Zuzug (gut verdienender) Kreativarbeiter aus ist, schon in der Entwicklungsphase auf diese Bedürfnisse Rücksicht nimmt.

Umgekehrt gilt aber auch, dass kreative Arbeit eine Menge an Außenreizen braucht, die sie – dann in Ruhe – umsetzen kann. Man braucht also beides, eine kulturell anregende Umgebung, eine Infrastruktur, die zum »Laden« der kreativen Potenziale animiert und die Möglichkeit zur Entspannung bietet. Kurzum: eine Art Prenzlauer Berg mit angeschlossenem Kloster.

Kreatives Humankapital

Wer einen »Geistesblitz« hat, wird schwer beschreiben können, wie es dazu kam. Sicher – es gibt jede Menge Legendenbildung, aber meist und bei Licht betrachtet gilt die Phrase: »Das fiel mir plötzlich ein« oder: »Mir fiel es wie Schuppen von den Augen«. Schöpferisches Denken ist schwer planbar und damit schwer in den industriellen Produktionsprozess integrierbar.

Es ist genau wie bei Künstlern: Man kann nicht auf Knopfdruck eine Symphonie abrufen, ebenso wenig wie man einen Autor dazu bringen kann, einen Roman zu schreiben, der sich besser verkauft als alle anderen Romane (auch wenn einfältige Verlagsmanager das bisweilen immer noch glauben wollen). Im Zusammenhang mit Creative Economy wird implizites Wissen zu einer wichtigen Währung, zum Wert der Persönlichkeit schlechthin, was seine ökonomische Bedeutung angeht. Vorbei die Zeiten, in denen man sagen konnte: »Niemand ist unersetzbar.«

Das galt in Fabriken, das mag am Fließband gegolten haben, in der Welt der Creative Economy ist dieser Satz grundfalsch. Wir werden also, auch im Hinblick auf die Personalpolitik in Unternehmen, sehr gründlich umdenken müssen. Sind Talente ersetzbar? Nein, so wenig, wie sie reproduzierbar sind. Schon hier werden also die gewohnten Prozesse der Ausbildung, des Recruitings und der Personalpolitik, der Umgang mit dem sogenannten »Humankapital«, gründlich durcheinandergewirbelt.

Die Auswahl von Personal fand bisher nach klaren Kriterien statt: Ein Experte fürs Personal prüfte die formalen Anforderungen eines Kandidaten (etwa dessen Ausbildung und bisherige berufliche Praxis). Diese formalen Kriterien waren mit Abstand die wichtigsten Entscheidungsgründe für oder gegen die Einstellung eines neuen Mitarbeiters. Im Lauf der Zeit kamen weitere Kriterien dazu, vor allem solche, die zu den sogenannten »Soft Skills«, den sanften und weichen Fähigkeiten, gehören. Man nennt sie so, weil sie nicht mit harten Zahlen und Normen abzugleichen sind. Es sind Fähigkeiten wie soziale Intelligenz, Strebsamkeit, Anstand, Charakter, Selbstmotivation, die Fähigkeit zur Kommunikation und vieles mehr, was man braucht, um voranzukommen. Diese

»Skills« sind allerdings für die große Masse der Arbeitnehmer kaum messbar.

Immer schon von zentraler Bedeutung waren sie aber für die sogenannten Talente und Top-Leute, also jene, die über das normierte Arbeitskräftereservoir hinausragen.

Diese Leute sucht man gerade deshalb, weil sie einen unverwechselbaren Charakter neben den ohnehin unterstellten Fähigkeiten und Kenntnissen haben, die man für einen Job braucht. Vielfach verzichten Arbeitgeber sogar auf die formale Befähigung für einen Beruf, wenn nur die Soft Skills stimmen. Für angesehene Unternehmensberater arbeiten mittlerweile nicht allein Betriebswirte und Finanzfachleute, sondern auch Ethnologen, Philosophen und begabte Autodidakten.

> *Es wird wichtiger, wer etwas wie tut –*
> *und unwichtiger, was er dafür gelernt hat.*

Das aber gilt nur für die Arbeitskräfte des kreativen Sektors. Denn hier können Talente ihre Karten unmittelbar ausspielen. Nach wie vor aber wird es eine Menge Menschen geben, die ihr Auskommen als »reproduzierende Arbeitskraft« finden müssen. Die Kluft zwischen »Begabten« und »Normalen« wird sich weiter auftun. Bereits jetzt herrscht ein latenter Mangel an »Gestörten« in der Arbeitswelt. Sie sind nicht beliebig durch Schule und Ausbildung »erzeugbar«.

Dabei zeigt sich nebenbei, wie kurzsichtig zuweilen Bildungspolitik ist. Im Bologna-Prozess der Europäischen Gemeinschaft werden Studien vermeintlich stärker der beruflichen Praxis angepasst, wofür ein Punkte- und Normensystem eingeführt wurde. Diese »praktische Verbesserung« wird sich im Ergebnis als Irrweg erweisen: Denn wenn die wirklich nachgefragten Fähigkeiten am Markt vor allen Dingen ein unverwechselbarer Charakter und ein persönliches Talent sind, die eine bestimmte Lösung für die Kunden einmalig machen, dann versagt ein Bildungs-»System«, das sich einredet, es könne qualifizierte Arbeit beliebig skalierbar herstellen.

Der Bologna-Prozess führt zum exakten Gegenteil dessen, was man

»praktische Verbesserung« nennen darf, nämlich zu einer Formalisierung der Universität. Man »produziert« mehr vom Gleichen, statt die Fähigkeiten und Kenntnisse, die zur Ausbildung von Originalität dienen, zu fördern. Der Graben zwischen Talenten und Normalen, zwischen Gehemmten und Gestörten wird weiter vertieft. Die Bologna-Absolventen dürften demnächst ein akademisches Proletariat am Arbeitsmarkt darstellen, das überall – und zu relativ geringen Löhnen – dort eingesetzt wird, wo es nicht um die Person geht, sondern um ein Set von Methoden und Standardkenntnissen. So werden diese akademischen Proletarier wie ihre Vorfahren in der Fabrik auch noch leicht ersetzbar sein.

Sicher: Man wird nicht davon ausgehen können, dass Mitarbeiter grundsätzlich und überall »unersetzlich« werden. Aber je stärker die Erträge der Unternehmen durch Ideen bestimmt werden, desto wichtiger wird die Frage nach deren Urhebern.

Kreativität und Denken

Kreativität ist, vereinfacht gesagt, die Fähigkeit,
sich einem Problem, das in dieser Art und Weise noch nie
vorgekommen ist, zu nähern und dieses Problem so zu lösen,
wie es noch nie zuvor gelöst wurde.

Da es niemals zwei völlig gleichartige Probleme geben kann – eine unausbleibliche Folge der Evolution –, nimmt die Kreativität die Rolle einer Schlüsselleistung ein. Kreativität ist gleichbedeutend mit Denken. Was sich im Zuge der kreativen Lösung bewährt, geht ein in die gewaltige Sammlung vorhandenen Wissens. Am Anfang aber steht immer die kreative Leistung, die ein Problem zu meistern versucht. Das ist eine ganz alltägliche Erfahrung.

Wir verbessern, verfeinern das, was besteht, durch neue Applikationen, Methoden und Verfahren. Die Vermehrung des Wissens ist das Produkt von Wissensanwendung, von der Interpretation vorhandenen Wissens und der Anpassung an sich dynamisch verändernde Um- und Mit-welten. Nur diese beiden Faktoren, die persönliche Interpretation und die Tatsache, dass wir vorhandenes Wissen immer wieder auf die sich verändernde Umwelt anwenden und erfahren müssen, generiert neues Wissen. Das ist das Perpetuum mobile der Wissensgesellschaft.

Reproduktion und Kreation oder Die Legende von der Einheitsgröße

Der Begriff Wissensgesellschaft wurde in den 1960er Jahren populär, allerdings darf man die Frage stellen, ob die eingeführte Definition auch zutrifft. Genau betrachtet existiert das Wissenszeitalter schon sehr lang. Es beginnt mit der menschlichen Kulturgeschichte vor 12 000 bis 14 000 Jahren, dem systematischen Benutzen von Werkzeugen und Methoden, die nichts weiter sind als ein Beweis dafür, dass der Mensch sein Bewusstsein nutzt, um sich seiner Umwelt anzupassen. Aus dem passiven Lebewesen, ausgesetzt der Natur und einem nie verstehbaren Schicksal, wird der aktiv handelnde Mensch.

Diese Wissensrevolution kennt keinen großen Knall und keine radikalen Umbrüche. Sie verläuft seit vielen Jahrtausenden, wenngleich in unterschiedlichem Tempo. Die freie Nutzung des Verstandes, nicht oder nicht wesentlich eingeschränkt durch Autoritäten, Religionen und Dogmen anderer Art, ist jüngeren Datums. Man kann mit einigem guten Willen davon reden, dass die Aufklärung der Startschuss der Wissensgesellschaft war. Hier begannen die ersten Denker, die Idee, die schöpferische Kraft, als eigentlichen Wert zu begreifen.

Kein Zeitalter hat mehr Erfindungen, Entdeckungen, Innovationen und technologische Aufbrüche zu bieten als die zweite Hälfte des 20. Jahrhunderts.

Sie sind so zahlreich, dass sie uns gar nicht mehr spektakulär vorkommen, und sie sind alle Ergebnisse von Gesellschaften, die deutlich mehr

Wolf Lotter

als ihre Vorgänger auf Freiheit und Offenheit Wert legten. Der Preis dafür ist hoch: Die Komplexität steigt, die Gesamtheit aller auf uns einwirkenden Reize und Informationen. Die Wohlstandsgesellschaft produziert ein enormes Maß an Reizen, aber wir haben gar keine Wahl, als uns diesen Reizen auszusetzen. Was tatsächlich dringend nottut, ist eine intensive Auseinandersetzung mit den Rahmenbedingungen dieser Komplexität.

Einfach gesagt: Wo und wie kann man leben und arbeiten, ohne diese Komplexität als Belastung, als rasenden Informationsfluss ohne Wert, wie er vielfach beklagt wird, zu begreifen? Das wäre der erste Schritt zur systematischen Erschließung der Ressourcen der Creative Economy. Diese Ressourcen sind die Gesamtheit der Möglichkeiten, aus denen Ideen geschöpft werden. Die Komplexität ist das Bergwerk des 21. Jahrhunderts. Kollege Felixberger buchstabiert im Folgenden dieses Thema etwas stärker aus.

Erst wenn Komplexität zugänglich gemacht wird,
wenn der Rohstoff des Möglichen verstanden und genutzt wird,
entstehen daraus Wissen und Ideen.

Die Voraussetzung für die richtige Nutzung des Rohstoffes
ist maximale Offenheit gesellschaftlicher Systeme
und ihrer Organisationen.

Wir müssen den Unterschied respektieren.

Diversity ist ein elementarer Bestandteil der Ideenwirtschaft.

Peter Felixberger

Kreativität = Diversity!

Der Untergang der kreativen Einzeltäter

Der Kreative war früher ein Soloartist. Er saß im ruhigen Kämmerlein, studierte und sinnierte, schaute bisweilen aus dem Fenster und hatte natürlich – was sonst – irgendwann eine zündende Idee. Diese ließ er der Menschheit auf übersichtlichen Publikationswegen zukommen, und eins, zwei, drei – fertig war das Wunderkind. Das Modell basiert erstens auf der Annahme der zündenden Idee und zweitens auf der Annahme des Universalisten. Sprich einer Person, die alles zu wissen für sich in Anspruch nimmt. Aus dem Nährboden des Allwissens zuckt der plötzliche Ideenblitz. Von dieser romantischen Vorstellung des einsamen Gelehrten nährte sich die Zunft der kreativen Alleserklärer. Über Jahrhunderte.

Ein Vertreter dieser Denkfigur ist beispielsweise der britische Komponist Benjamin Britten, welcher der Menschheit neben zeitloser Musik eine tiefgründige Erkenntnis hinterlassen hat: »Lernen ist wie Rudern. Sobald man aufhört, treibt man zurück.« Die Logik: Wir müssen ständig etwas lernen, um kreativ zu sein. Bis heute wird einem dieser Unsinn eingebläut.

Doch das Denken hat längst die Richtung geändert: Zu viel Wissen macht uns nämlich zunehmend kraftlos. Die schiere Menge an Wissen erdrückt den kreativen Geistesblitz. Die Wissensspeicher sind prall gefüllt. Milliarden von Websites warten beispielsweise auf den Klick. Wer im Sinne von Britten rudert, kann diese Menge gar nicht mehr bewältigen.

Machen wir uns nichts vor. Wir blicken immer weniger durch. Der Grund: Wissen vermehrt sich exponentiell und unheimlich. Es wird ungreifbarer und damit unbegreifbarer. Es enzyklopädisch erfassen und kreativ veredeln zu wollen ist unmöglich. Der lineare Pfad der Wissensvermehrung, auf dem wir früher so traumtänzerisch gewandelt sind, hat unheimlich viele Schlaglöcher bekommen. Das hat natürlich Konsequenzen. Kreativ ist längst nicht mehr, wer alles weiß und es im Griff hat.

Zu viel Wissen trübt den kreativen Blick

Die Kränkung des kreativen Romantikers hat aber noch keineswegs zu seinem Aussterben geführt. Viele häufen immer noch gebetsmühlenartig Wissen an, stapeln massenweise Informationen und Daten übereinander, verbauen sich aber damit gleichzeitig den Blick auf die Fahrbahn. Vor lauter Wissen sehen wir die kreative Idee nicht mehr. Sie wird zur Nadel im Heuhaufen. Die Folge: Wir laufen herum, stochern im wirren Wissensheu umher und zupfen so lange gedankenversunken an den Halmen herum, bis wir vergessen, wonach wir eigentlich suchen. Trotz jeder Anstrengung reicht es nicht mehr zu Kreativität.

Das wollen wir jedoch nicht wahrhaben. Denn es ist eine furchtbare Kränkung. Und so ist es kein Wunder, dass jener Nürnberger Trichter, der uns auf den Kopf gesetzt und über den der Wissensberg eingefüllt wird, immer noch seine Macht ausspielt. In der Schule und im Job. Kultusbürokraten und Führungskräfte verordnen Eintrichtern oder Lernen. Und alle rudern weiter, als ob nichts geschehen wäre. In der Hoffnung, Fülle erzeuge Idee.

Wer wird Millionär? Niemand mehr, höchstens der Zufall hilft. Zu viel Wissen trübt den Überblick. Was haben Bankenkrise, Obama und Limonade gemeinsam? Keine Ahnung. Die Antworten gerinnen mittlerweile in unendlichen Einzelmonologen, die nebeneinander herlaufen – und doch voneinander getrennt sind. Nichtsdestotrotz geraten viele dieser Erzählstränge immer deutlicher in einen wirtschaftlichen Verwertungszusammenhang. Immer mehr Wissen wird hierfür ökonomisch gebändigt: 90 000 Buchneuerscheinungen verstopfen jährlich die Regale, Millionen von Zeitungsseiten rezitieren täglich das Gestern, Hunderte von Fernsehsendern verwässern die Realität. Der Untergang in der Informationslawine vorprogrammiert? Null Durchblick allerorten.

Wer kann da noch kreativ sein? Sicher ist zunächst nur: Der kreative Einzelne, der alles Wissen um des kreativen Geistesblitzes wegen anhäuft, wird es immer weniger sein.

Der Aufstieg der kreativen Gangs

Immer mehr Unternehmen haben dieses Kreativitätsdilemma erkannt und setzen deshalb ganz bewusst auf heterogene Teams und Abteilungen. Sie verbinden Einzelbegabungen miteinander. Das Motto: Viele Köche machen den Brei erst richtig fett. Wie zum Beispiel beim weltweit größten Arzneimittelhersteller Pfizer. Dort würfelt man in den Entwicklungsteams gezielt Menschen mit völlig unterschiedlichen Wissens- und Fähigkeitsprofilen zusammen. »Kaum zu glauben, aber die Ergebnisse sind weitaus kreativer, als wenn nur Produktentwickler zusammensitzen würden«, sagt Personalchef Gerhard Tschentscher.

Der amerikanische Diversity-Forscher Scott E. Page hat sich an der University of Michigan wie kein Zweiter damit auseinandergesetzt, wie vielfältig zusammengesetzte Gruppen im Vergleich zu »monokulturellen« abschneiden. Sein Ergebnis: Heterogene Teams (und Firmen, Universitäten und Gesellschaften) übertrumpfen homogene. Nicht dramatisch, aber deutlich.

Page unterscheidet zwischen äußerer Vielfalt, also beispielsweise Mann/Frau, Hautfarbe, sexuelle Orientierung, und kognitiver Diversität. Zwei Lesben können völlig unterschiedlicher Meinung über die Zukunft des Gesundheitssystems sein, dagegen können ein ghanaischer Einwanderer und ein niederbayerischer Bauer ein Herz und eine Seele sein, wenn es ums Reinheitsgebot für Bier geht. Es entscheidet sich also im Einzelfall, ob ein äußerlich sichtbarer Unterschied der Identität auch zu einem Meinungsmix beiträgt. Anders gesagt: Jeder einzelne Mensch ist Träger kultureller Vielfalt.

Damit plädiert Page auch gegen die grassierende Quotenhuberei.

Vielfalt schafft man nicht, indem man jedes Team repräsentativ mit 50 Prozent Frauen, 3 Prozent Schwulen und 5 Prozent Türken besetzt; im Zweifelsfall sind am Ende alle Gruppen gleich strukturiert. Wie langweilig.

Page kennt die Bedingungen, unter denen Diversität und Differenz wirklich Sinn machen. »Wenn einer meiner Lieben vor einer Operation am offenen Herzen steht, würde mich der Gedanke, das OP-Team sei aus Elektrotechnikerinnen, Bäckern und Metzgern zusammengesetzt, eher beunruhigen. Da hätte man doch lieber eine Crew versierter Herzchirurgen am Start.« Wenn es jedoch um die Planung eines neuen Gesundheitszentrums geht, könnte es durchaus interessant sein, neben Architekten beispielsweise auch Künstler oder einen Poeten einzubeziehen. Vielfalt entfaltet seine Vorzüge, wenn die Aufgaben unschärfer werden. Geht es um Einschätzungen komplexer Sachverhalte oder Lösungen für neue Probleme, dann bewähren sich heterogene Teams im Durchschnitt besser als homogene.

Das zeigt sich in Unternehmen, die mit ihren Strategien auf das teilweise chaotische Geschehen auf Märkten und an Börsen reagieren. Oder in der Politik, deren Programme vielfach auf einer Art Wette auf die Zukunft basieren: Wie soll man mit Erderwärmung, Nahostkonflikt oder demografischem Wandel umgehen? Pages Fazit lautet: Ist das Problem, das es zu lösen gilt, neu, komplex und schwierig zu berechnen, dann schneiden Teams besser ab als einzelne Geistesgrößen. Und vielfältige Teams besser als einheitliche.

Der Mehrwert von Vielfalt

Seine Erklärung für diesen Mehrwert von Diversität sind die unterschiedlichen Sichtweisen, die Art, wie wir uns die Welt im Kopf konstruieren. Diese Perspektiven nennt Page Instrumente (Tools). Viele Perspektiven zusammen addieren sich zu einem Panoramablick, der viele Dimensionen einschließt. Sind die Blicke sehr ähnlich, ergibt die Summe nur einen Tunnelblick. Entscheidende Faktoren bleiben im Dunkeln.

Page gibt ein Beispiel aus seiner eigenen Disziplin, der Ökonomie. »Bevor in den 70er Jahren Frauen eine echte Rolle spielten, wurde Hausarbeit bei der Berechnung des Bruttosozialprodukts schlicht unterschlagen.« Die Produktivität immerhin der Hälfte der Bevölkerung blieb ein blinder Fleck. Erst weibliche Ökonomen lenkten die Aufmerksamkeit darauf, dass im Haushalt wirtschaftliche Werte erarbeitet und mitgerechnet werden müssen.

In der Wissenschaft wird interdisziplinäres Arbeiten immer wichtiger. Häufig sind es Teams von Forschern aus unterschiedlichen Bereichen, welche die großen Durchbrüche erzielen. Vielfalt ist für das »Mehr als die Summe der Teile« verantwortlich. Unterschiedliche Sichtweisen schaukeln sich gegenseitig auf, weil ungewöhnliche Zugänge des einen Teammitglieds zu neuen Ideen bei einem anderen führen. So entsteht wahre Innovation. Insofern ist das Forschen über Fakultäten hinweg die angemessene Antwort darauf, dass die Fragen immer komplexer werden. Und genau wie in Unternehmen setzt auch die Wissenschaft zunehmend auf Teamarbeit. Ein Indikator sind die Nobelpreise: Wurden die ersten zehn Auszeichnungen für Chemie an zehn Personen vergeben, waren es bei den jüngsten zehn Nobelpreisen schon 27 Personen. Daraus lässt sich schließen, dass Teams aus guten Leuten die Leistungen von einzelnen IQ-Giganten schlagen. Und dies umso öfter, je vielfältiger die Mitglieder.

Vielfalt als Reaktion auf Komplexität: Das funktioniert aber nur, wenn sie gut gemanagt wird. Sonst hat man zwar potenziell erfinderische, real aber vor allem zerstrittene Teams. Page nennt die Bedingungen, unter denen die Früchte der Vielfalt geerntet werden können. Dazu gehöre vor allem eine Atmosphäre – man könnte das Kultur nennen: gesellschaftlich oder in Unternehmen –, in der jedes einzelne Mitglied nicht von seinen Grundwerten abrücken muss, sich aber gleichzeitig auf ein gemeinsames Ziel verpflichtet. Ohne die Unterschrift unter diesen ungeschriebenen Vertrag drohe jede Gruppe in alle vier Himmelsrichtungen auseinanderzutreiben.

Der Kölner Diversity-Experte Michael Stuber sagt: »Diversity verfolgt das Ziel, Menschen mit all ihren Unterschieden zu berücksichtigen, also nicht so zu tun, als seien sie (auf irgendeiner Ebene) gleich. Kurz: Diversity erkennt Unterschiede an. Dies steht allerdings in echtem Gegensatz zur rechtlichen Realität rund um das Allgemeine Gleichbehand-

Peter Felixberger

lungsgesetz (AGG), das in Deutschland verbindlich ist. Dessen Ziel ist das pure Gegenteil: »Ziel des Allgemeinen Gleichbehandlungsgesetzes (AGG) ist, Benachteiligungen aus Gründen der Rasse oder wegen der ethnischen Herkunft, des Geschlechts, der Religion oder Weltanschauung, einer Behinderung, des Alters oder der sexuellen Identität zu verhindern oder zu beseitigen.«

Der Grundgedanke ist also, Benachteiligungen von Menschen, die in ihrer Person liegen und nicht von ihnen zu beeinflussen sind, nicht zu dulden. Das klingt zunächst plausibel, ist aber in der Realität ein Treppenwitz. Mit absurden Folgen. Ein Beispiel: Theoretisch könnte heute ein heterosexueller Kellner, der in einer Bar mit überwiegend homosexuellen Gästen arbeiten will, aber abgelehnt wird, dagegen klagen. Diversity Management ist hingegen ein praktisches Werkzeug zur Förderung kultureller Vielfalt. Die Unterschiedlichkeit der Mitarbeiter wird positiv bewertet. Durch diese Wertschätzung steigt die Motivation der Mitarbeiter. Und damit auch der Unternehmenserfolg. Aber immer auf der Grundlage, dass jeder anders sein darf.

Es ist demzufolge ziemlich absurd, Menschen unternehmenskulturell über einen Kamm zu scheren. Denn entscheidend ist immer die Gesprächskultur, die in einem Unternehmen vorherrscht. Moderne Unternehmen haben eine vielfältige, offene Gesprächskultur. Mit allen Mitarbeitern. Sie beruht auf einem einzigen Grundsatz: Je mehr Vertrauen dem Einzelnen geschenkt wird, je mehr er also sichtbar werden darf, desto mehr wird er sich einbringen und mitmachen. Diese Vielfalt unterschiedlicher Menschen ist der eigentliche Schatz, auf dem jedes Unternehmen sitzt. Oder andersherum: Der einzelne Mensch oder das Team weiß mehr als das ganze Unternehmen. Nur aus dieser Wissensvielfalt entspringt lebendige Unternehmenskultur.

Der amerikanische Management-Guru Gary Hamel nennt das Management 2.0. Die Kennzeichen: »Sehr demokratisch, eng vernetzt, flach und marktförmig organisiert.« Der englische Gallup-Meinungsforscher Marcus Buckingham schlägt in die gleiche Kerbe: »Entdecken und nutzen Sie das Besondere, Einzigartige an jedem Menschen. Denn gut managen bedeutet, den Mitarbeitern so viele Freiheiten einzuräumen, dass sich die einmaligen Bedürfnisse und der einzigartige Stil jedes Einzelnen ungestört entfalten können.«

Sicher ist damit nur: Heterogene Teams nutzen den Wissenskorridor jedes Einzelnen, um kreativer zu sein.

Die Ära der bunten Hunde

Stellt sich natürlich die Frage, ob es neben der Vielfalt der kreativen Akteure auch eine Vielfalt von erfolgreichen Wegen gibt, wie kreative Ideen ins Herz der Märkte und der Öffentlichkeit gelangen. Die beiden Zukunftsforscher Ryan Mathews und Watts Wacker sind diesbezüglich folgenden Kernfragen nachgegangen: Wie rücken randständige oder abwegige Ideen vom äußersten Rand oder vom Niemandsland in die gesellschaftliche Mitte? Warum wird ein kleines, unbedeutendes Unternehmen fast magnetartig in den Mainstream gezogen? Passiert es sprunghaft, ungeplant, oder steckt dahinter eine unverrückbare Zwangsläufigkeit? Gibt es gar eine Gesetzmäßigkeit?

Die Evolution des Abweichenden

Ja, antworten die beiden. »Der Innovationsprozess ist zyklisch. Sobald eine Innovation allgemeine Akzeptanz gefunden hat, beginnt eine neuere, frischere Idee ihren unaufhaltsamen Zug in Richtung Mainstream.« Dahinter steckt eine neuartige Fortschrittslogik. Von der Peripherie her machen sich verwegene Gesellen auf, um den Palast der Alten zu erobern. Das passierte früher in überschaubaren Etappen. Der Alte nahm den Jungen unter seine Fittiche, päppelte ihn auf, bevor er ihn ans Ruder ließ. Hochdienen, anpassen. Erfolg hatte, wer auf der Leiter nach oben nicht von den Erwartungen abwich. Und so wurde wie die Altvorderen.

Mit den neuen Informationstechnologien hat sich jedoch der Weg verkürzt. Je schneller die Gesellen nämlich heute sind, desto schneller verringert sich die Entfernung zum Ziel. Bei höchster Geschwindigkeit ist die Entfernung am geringsten, so dass niemand mehr erkennt, was Rand und Mitte ist. Wer also Eroberer oder Eroberter ist. Die Beteiligten verlieren den Überblick. Es kommt zur Kontextauflösung. Die soziale Realität verschwimmt. Die Zuordnung fehlt. In der modernen Popmusik sind solche Vorgänge fast schon an der Tagesordnung. Das Abseitige ist gleichermaßen Mainstream und soziale Abweichung. Es wirbelt gleichzeitig am Rand und in der Mitte.

Der Unterschied zu früher: Damals verlief der Weg, den das Abweichende auf seinem Weg zur gesellschaftlichen Akzeptanz zurücklegte, in ruhigeren Bahnen. Allseits bekannt: Auf jeder Etappe entstanden »Märkte und wirtschaftliche Chancen, die sich unternehmerisch nutzen lassen«. Mit ihnen stieg der kommerzielle Wert der Idee. Mathews und Wacker unterscheiden fünf Entwicklungsräume:

- Niemandsland: Die Idee bleibt unbemerkt, der Urheber auf sich alleine gestellt. Er wird nirgends wahrgenommen. Der Zutritt ins Establishment ist verwehrt.
- Rand der Wahrnehmung: Das Interesse an der Idee erwacht. Der Urheber wird als Freak gesehen. Jemand, den man bewundert. Mit Mundpropaganda erreicht man einige, es wird an der Tür zum Establishment geklopft.
- Nimbus des Coolen: Medien, Trendforscher und andere Unternehmen beginnen sich zu interessieren. Man möchte mehr darüber wissen. Der Urheber wird eingeladen, seine Idee vorzustellen.
- Modeerscheinung: Es docken Firmen an, welche die Idee als Modephänomen vermarkten wollen. Die Mainstream-Medien steigen ein und erhöhen damit die Anhängerschaft beträchtlich.
- Gesellschaftliche Konvention: Der Massenmarkt ist erreicht. Werbung und Marketing konstituieren das Massengeschäft. Der Urheber muss sich anpassen oder wird ausgeschaltet. Die frühere Authentizität ist auf 10 Prozent geschrumpft.

Doch wie gesagt: Die Entfernung zwischen Niemandsland und Zentrum der Gesellschaft hat sich verringert. Die neuen Technologien beschleunigen die Fahrt dorthin und verdichten Raum und Zeit immer mehr. Es kommt zur Gleichzeitigkeit von Niemandsland und Mainstream. Damit aber werden gemeinschaftliche Regeln außer Kraft gesetzt. Regeln des sozialen Aufstiegs beispielsweise. Wer früher fleißig war und sich brav nach oben gearbeitet hat, wurde mit Reihenhaus und Rente belohnt. Handwerker, Verkäufer, Kaufleute, Landwirte. Die alte Bundesrepublik war ein sozioökonomisches Gesamtsystem mit sozialen Regeln und Übereinkünften. Das Establishment war mächtig, weil es schon immer mächtig war. Geschlossene Räume, Zutritt für Außenseiter nur nach vorheriger genauer Geistesvisitation gestattet. Man hielt sich die Außenseiter vom Leibe.

Das Postinformationszeitalter hat diesen verlässlichen Kontext aufgelöst. Es fehlen die Bezugspunkte. Die Außenseiter sind mitten unter uns. Es fällt immer schwerer, sie zu verschubladisieren. Was früher war, gilt nicht mehr. Monopole zerbröseln zu ohnmächtigen Krümeln. Kleine Spinner werden über Nacht zu Superstars. Absurde Geschäftsideen entpuppen sich, der größte ökonomische Schwachsinn wird zum Megaerfolg.

Die Folge: Der Machtblock bricht auseinander. »Der Wandel speist sich aus sich selbst und hat ein Eigenleben entwickelt, das sich aller Beschränkungen und Kontrollen entzieht.« Es passiert schnell und einschneidend, was früher noch Jahre oder Jahrzehnte in Anspruch nahm. Man kann es auch anhand der Fragestellung zeigen, die Medien interessieren. Während im Industriezeitalter gefragt wurde: Was ist geschehen?, wird heute hinterhergehechelt: Was wird geschehen? In Zukunft wird ein wildes Kombinationsspiel ohne Regeln gespielt. Spontan. Gestern verwies man auf früher. Als die Mädels noch sittsam waren und die Feuilletons noch langatmig die Welt erklären konnten.

Keine Zeit mehr für Weißbier und Couch

Man könnte sich jetzt zurücklehnen, sich ein Weißbier einschenken und die Füße hochlegen. Doch die Speed Economy zeigt kein Erbarmen. Eine gigantische Anzahl von Produkten und Dienstleistungen rückt ins Zentrum oder ist extrem schnell auf dem Weg dorthin. »Der Trick besteht darin, vom Rand aus zu denken. Das wahre Geschäft schlummert irgendwo da draußen, roh, ungeformt, ungezähmt. Doch wenn das abweichende Denken schließlich das Zentrum der Gesellschaft erreicht, ist

Peter Felixberger

es nur noch ein Schatten seiner selbst, ist es seiner Kraft, seiner Authentizität und seiner Wirkung beraubt. Vom Rand her zu denken erfordert, sich ständig Ideen und Menschen auszusetzen, die fremdartig, unbequem, zuweilen sogar offen feindselig und gefährlich sind.«

Was lernen wir daraus? Wirtschaft und Gesellschaft sind künftig vom abweichenden Verhalten ihrer Akteure abhängig. Die Abweichler und Spinner sind die perfekten Dekonstruktivisten und idealen Türöffner in künftige Massenmärkte. Sie sind die kreativen Zerstörer der industriellen Ökonomie. Ohne diese bunten Hunde findet Ökonomie künftig gar nicht mehr statt.

Damit erkennen wir drittens: In der Speed Economy, in der bunte Hunde in kreativen Teams unaufhörlich den Fortschritt antreiben, ist immer weniger plan- und kontrollierbar.

Die Parade der leblosen Planquadrate

Um also auf Dauer kreativ zu sein, muss man in der Lage sein, unerwartete Bedrohungen, die eskalieren und außer Kontrolle geraten könnten, erfolgreich zu bewältigen. Damit sind aber nicht nur Situationen gemeint, in denen das Kind bereits in den Brunnen gefallen ist. Nein, es bezieht auch jene kleinen, zunächst unbedeutenden Ereignisse weit vor der Krise mit ein, die niemand ernst nimmt. Im Klartext: Man muss gewappnet sein. Das Unerwartete passiert immer und überall. In der Chipherstellung ein Staubkorn zu viel, und die Produktion steht still, ein kleiner Riss in den ICE-Rädern, und der Zug entgleist, oder ein neues Produkt floppt und bringt eine erfolgreiche Firma an den Rand des Wahnsinns.

Wir erinnern uns: 1985 kam Coca-Cola auf die glorreiche Idee, Rezeptur und Geschmack der Coke zu ändern. Ein riesiger Werbe- und Presserummel machte das Ereignis landesweit bekannt. Binnen 24 Stunden hatten geschätzte 150 Millionen Menschen das neue Getränk probiert. Man hatte alles genau vorausberechnet, allein vier Millionen Dollar für Geschmackstests ausgegeben. Es kam zum Desaster. Massenhafte

Anrufe von erzürnten Kunden. Konsumenten begannen, Hamstervorräte der alten Coke anzulegen. Deren Preis stieg in Minutenschnelle. Zehntausende von Protestschreiben gingen in den nächsten Wochen in der Firmenzentrale ein. Am 11. Juli gaben die Topmanager ihren Entschluss bekannt, die ursprüngliche Rezeptur unter der Firmenmarke Coca-Cola Classic wieder einzuführen, und versicherten allen Kunden, dass der Konzern die Botschaft verstanden habe.

Das Beispiel zeigt, wie unsinnig es ist, die Zukunft mittels kontrollierter Kreativität exakt vorherzubestimmen. Alle Beteiligten bei Coca-Cola entschieden in der Illusion, sie hätten die Lage jederzeit im Griff, und alle Anzeichen von Fehleinschätzung wurden standhaft ignoriert. Die Firma setzte blind auf die eigene Überzeugung und betrachtete andererseits den Kunden als dummes Schaf, das trinkt, was es vorgesetzt bekommt. Was sie in den 1980ern schon längst nicht mehr taten. Hinzu kam: Die Marketingstrategen suchten nur nach Hinweisen, die ihren Entschluss bestätigten. Sie waren, um im Managementdeutsch zu bleiben, nicht in der Lage, das eigene Wissen unvoreingenommen zu aktualisieren. Sie waren geradezu achtlos bei der Beurteilung der Umstände umgegangen.

Unsere vierte Erkenntnis lautet deshalb: Kreativ ist, wem nicht klar ist, was er nicht weiß. Das Besondere liegt also in der Negation der Überzeugung, Wissen bedinge Kreativität. Im Gegenteil: Nichtwissen treibt die Kreativitätsökonomie. Oder wie ein uraltes arabisches Sprichwort sagt: »Das beste Wissen ist das, was du erst kennst, wenn du es brauchst.«

Hier beginnt der freie Teil der Wirtschaft

Die amerikanische Seminartrainerin Laura Day hat ebenfalls das Nichtwissen zur Bedingung kreativer Kooperation erklärt: »Im Berufsleben geht es nicht einfach darum, möglichst viel Geld zu machen oder vorwärtszukommen, sondern vielmehr darum, die eigenen Bedürfnisse zu befriedigen, indem man die Bedürfnisse anderer erkennt und erfüllt.« Es

Peter Felixberger

bedarf der Kooperation zwischen Menschen, Firmen und Produkten, um persönlich und beruflich kreativ, im Sinne von einzigartiger Problemlösung, zu sein.

Der russische Anarchist Peter Kropotkin wusste dies in seiner ganzen Tragweite bereits um 1900: »Kurz, weder die zermalmende Macht des zentralisierten Staates, die Lehren von gegenseitigem Hass und erbarmungslosem Kampf, die, mit den Abzeichen der Wissenschaft angetan, von dienstfertigen Philosophen und Soziologen kamen, konnten das Gefühl für die Solidarität der Menschen ausrotten, das im Geist und im Herzen der Menschen tiefe Wurzeln geschlagen hat.«

Was aber hat uns bisher die Wirtschaft gelehrt? Den evolutionär rückständigen und primitiven Kampf aller gegen alle. Danach gilt es, den Konkurrenten auszustechen, ihm Marktanteile abzuknöpfen, im Haifischbecken zu schnappen, bis man alleine ist, und nicht zuletzt regiert der Ellenbogen vielerorts das berufliche Schicksal jedes Einzelnen. Jeder muss auf der Lauer liegen und lebt in der Furcht, ein anderer könne ihm zuvorkommen. Gar ist man geneigt zu glauben, die Konkurrenz sei zum herrschenden Modell der menschlichen Beziehungen geworden. Langsamkeit wird bestraft, gegenseitige Hilfe und Solidarität werden zum diffusen Ideal abqualifiziert.

Softeggs statt Rednecks

Dagegen steht heute ein neues Verständnis von Wirtschaft und Management. Es ist die neue Ökonomie der Kreativität. Sie basiert auf der Annahme einer beiderseitigen Gewinnbeziehung. Das Motto: Allein bist du wenig, nur gemeinsam mit anderen bist du stark und kreativ! Die Softeggs sind gefragter als die Rednecks. Das hat auch Folgen für die Führungskräfte. Denn so wird auch ganz nebenbei der Mythos des Genies in der Chefetage oder des Kapitäns auf der Kommandobrücke eines Unternehmens entzaubert. Weg also mit den antiquierten Eliten, lasst die Paten abdanken! Auch wenn's turbulent wird. »Besser herrscht transparente Unübersichtlichkeit als jene vornehme Verschwiegenheit der diskreten Gesellschaft«, schreibt der Schriftsteller Beat Wyss. Darin steckt zweifellos ein emanzipatorischer Ansatz. Zugelassen sind alle, von den

Subkulturen bis zum Industriekapitän. Das ist zweifellos neu, denn bisher galt nur in der Kunst ein jeder als Künstler, sollte nicht zuletzt gar ein jeder ein richtiger Manager werden können? Und sich gegenseitig vertrauen und helfen.

Das muss man im Big Business erst verdauen. Dort, wo die Gruppen-, Abteilungs- und Bereichsleiter auf dem dicken Machtsessel oft ein Leben lang Platz genommen haben und per Knopfdruck die Puppen tanzen lassen. Doch Kreativität, glaubt man dem Kasseler Pädagogen Olaf-Axel Burow, ist das Ergebnis von Teamwork. »Kreativität ist weniger in der isolierten Leistung eines herausragenden Individuums zu verorten, sie entsteht vielmehr in Feldern, die in sehr spezifischer Weise aufgebaut sind.« Diese kreativen Felder bilden sich aber nur, wenn unterschiedliche Personen ihre Fähigkeiten in Synergie zur Blüte reifen lassen. »Das Zukunftsbild ist nicht der genialische Einzelne in seinem Atelier, sondern ... das vielfältig gestaltete kreative Feld innerhalb einer Firma oder Institution.« Wer sich also seiner Schwächen richtig bewusst wird, kann mit anderen kreative Felder bilden.

Gemeinsam lernen

Dort regieren aber nicht Hammer und Sichel, die den Staats- und Unternehmenssozialismus einst so wunderbar umrahmten. Es entsteht vielmehr ein nahezu herrschaftsfreier, dialogischer, gleichberechtigter und alles zulassender Aktionsraum. Voneinander lernen und dem anderen helfen, selbst wenn er Konkurrent oder Mitbewerber ist, ist beispielsweise auch die Losung des sogenannten Action Learning. Dieses sieht vor, zwischen Organisationen Partnerschaften zu bilden, um einander zu unterstützen. Der Engländer Reginald Revans war übrigens in den 1960ern der Erste, der ein solches Action-Learning-Programm umsetzte. Er hatte damals die undankbare Aufgabe, die Effizienz in englischen Bergwerken zu steigern, sprich: noch mehr aus den Stollen herauszuholen, und das Management der Unternehmen auf Vordermann zu bringen. Revans bildete zunächst eine Lerngemeinschaft unter den Bergwerksdirektoren. Mit Erfolg, wie sich herausstellen sollte. Für Revans bedeutet Action Learning, »einander aufzusuchen, auf Unsicherheiten und ungelöste Fragen zu stoßen, einander zu helfen, um das zu erreichen, was der Einzelne als Verantwortung auf sich genommen hat«.

Action-Learning-Programme haben heute ein breites Einsatzgebiet. Sie können sowohl helfen, eine Organisation zu reorganisieren, als auch neue Produkte und Dienstleistungen zu generieren. Action Learning »bringt Leute zusammen, die nur zum Teil über die benötigten Antworten verfügen und die in beträchtlichem Maße Nichtwissende sind, und fordert sie auf, ihr Nichtwissen einander offenzulegen«. Diese Form des Praxislernens basiert auf gegenseitiger Unterstützung und der Überwindung aggressiver Konkurrenzkämpfe.

Der amerikanische Unternehmensberater James Moore prophezeit sogar, dass die innovativen neuen Märkte nur im Verbund zu schaffen sind: »Die Verwirklichung einer machbaren ökonomischen Zukunft erfordert die intensive Zusammenarbeit unterschiedlicher Leistungsanbieter. Sie setzt voraus, dass man sich über gemeinsame Visionen verständigt, Allianzen schließt, Vereinbarungen trifft und komplexe Beziehungsnetze managt.«

Ein hübsches Beispiel, was damit konkret gemeint ist, lieferte vor Jahren der Generaldirektor von Asea Brown Boveri (ABB) in Kanada. Das Unternehmen war in eine Flaute geraten. Der Chef überzeugte nun seine Manager davon, nicht blindwütig neue Produkte auf den Markt zu werfen, sondern zunächst die Unternehmensumwelt zu erforschen. Es wurden Lernteams zusammengestellt. ABB trat mit anderen Wirtschaftsakteuren in Kontakt und befragte sie, was ABB zu ihrem Erfolg beitragen könnte. Interessierte sich ein anderes Unternehmen, wurde eine gemeinsame Expertengruppe gegründet, die konkrete Schritte vorbereitete. Der Erfolg war riesengroß, die Verkaufszahlen stiegen wieder rapide an. Das Chancenumfeld auszuloten und ganz neue Wege zu gehen bedeutet für viele, zuerst einmal über den eigenen Schatten zu springen und mit potenziellen Kunden zusammenzuarbeiten. Mit diesen Unternehmenskooperationen kann man am Markt mittlerweile überaus erfolgreich sein.

Aber auch im Umgang mit den Kunden ist Kooperation angesagt. Ob Hersteller oder Händler, wer auf den Märkten bestehen will, muss lernen, Kunden ernst zu nehmen, ihnen zuzuhören, und die Fähigkeit ausbilden, Bindungen zu seinen alten, neuen oder potenziellen Kunden zu schaffen. Menschen lassen sich nicht länger in bestimmte Typenraster und Zielgruppen einsortieren, denen bestimmte Bedürfnisse unterstellt werden. Mit Standardprodukten, die einer anonymen, klaglos konsumierenden Verbraucherschar in die Regale gestellt werden, ist immer weniger Geschäft zu machen.

Märkte wandeln sich von Anbieter- zu Käufermärkten, von Märkten selbstherrlicher Produktdistributoren zu Märkten der cleveren und wohlinformierten Kunden, die sich aussuchen, mit wem sie Geschäfte tätigen. Nach Jahrzehnten beliebig austauschbarer Produkte, austauschbarer Mitarbeiter und austauschbarer Konsumenten ist nun das Zeitalter des austauschbaren Anbieters angebrochen. Und das ist wirklich neu. Der Kunde ist nicht mehr länger gutgläubiger Endverbraucher, er ist zum Geschäftspartner geworden. Mit ihm sollte man schleunigst gemeinsame Sache machen.

So wird die Zukunft des Konsums sehr viel mehr an die uralte Vergangenheit des Handelns auf kleinen, überschaubaren Marktplätzen erinnern und nicht mehr viel zu tun haben mit dem seelenlosen Geschäft des Massenkonsumzeitalters, in dem sich Käufer und Verkäufer im Wesentlichen darauf beschränkten, sich gegenseitig Ware und Geld in die Hand zu drücken. Jetzt versuchen beide Seiten, eine individualisierte Beziehungsebene miteinander zu finden.

Fair Play

Hilfe, und das möglichst gegenseitig, benötigen zu guter Letzt auch die Existenzgründer in diesem Land. Denn es gibt nichts Schlimmeres, als von seiner Bank bei der Unternehmensgründung alleingelassen zu werden. Nicht einmal fünf von zehn Gründungen überstehen in der Regel die ersten zwei Jahre. Informationsdefizite und Fehlfinanzierung sind dabei die häufigsten Gründe. Warum man sich nicht gegenseitig hilft, ist auf die rätselhafte Eigenbrötlermentalität im deutschen Management zurückzuführen. Und auf die Risikoarmut der Banken, die den Mittelstand vielfach am ausgestreckten Arm verhungern lassen.

Peter Felixberger

Gegenseitige Hilfe – und hier kommen wir auf die individuelle Ebene – bedeutet aber, nicht mehr nur die Arbeitskraft gegen Entgelt zu verkaufen, sondern die Verwirklichung der Potenziale zu fördern. Im Arbeitsvertrag sollte deshalb explizit geregelt sein, dass das Unternehmen alles Erdenkliche unternimmt, um das Potenzial seiner Mitglieder zu vervollkommnen. Arie de Geus, jahrzehntelanger Koordinator der weltweiten Planung bei der Royal Dutch/Shell-Gruppe, schreibt über das Unternehmen der Zukunft: »Die menschlichen Mitglieder eines gesunden Unternehmens bilden Netzwerke in der gesamten Organisation, sie kommen zusammen und kommunizieren. Sie vertrauen darauf, dass jeder sich fair verhält und dass die Führungskräfte so aufrichtig sind, wie man es von anständigen Menschen erwartet.«

Womit wir fünftens demütig anerkennen: Kooperation ist der einzige Ausweg aus der individuellen Beschränktheit. Oder wie der Sozialwissenschaftler Nassim Nicholas Taleb sinngemäß sagt: Wir denken erstens viel weniger, als wir glauben. Und wir verschwenden zweitens beim wenigen Nachdenken unsere Energie aufs Nebensächliche. Als Einzelne wissen wir oft nur das Falsche oder nichts.

Chaos, aus dem Kreativität entsteht

Womit wir fast am Ende unserer kleinen Reise angekommen sind. Nur noch eine Sache gilt es unmissverständlich zu klären. Creative Diversity erzeugt bewusst Chaos. Denn ohne Chaos gäbe es keine Evolution. Der Kybernetiker Uri Merry schreibt dazu: »Das Chaos ist der fruchtbare Boden, auf dem die Kreativität entstanden ist. Das tiefe Chaos ist ein natürlicher, unvermeidlicher und wichtiger Übergang im Verwandlungsprozess jeder Lebensform.«

Ein Prinzip übrigens, das die Evolution seit Jahrmillionen gehörig auf Trab hält. Den Grund erklärt der Biologe Alberto Gandolfi so: »Die Evolution und die Anpassung biologischer Systeme kann gerade deshalb erfolgen, weil in jeder neuen Generation Fehler beim Kopieren der in der DNA enthaltenen genetischen Informationen entstehen. Diese Fehler nennt man Mutationen. Sie produzieren die biologische Verschiedenheit, aus der die natürliche Selektion sich die Organismen herauspicken kann, die am geeignetsten sind, um zu überleben und sich zu reproduzieren.«

Aus alledem folgt offenbar nur eines: Wir müssen radikal umdenken, wenn wir sozial, politisch und ökonomisch weiterkommen wollen. Wir benötigen erstens komplexe (im Sinne von vielfältig) anstatt komplizierte Organisationen, insbesondere Unternehmen. Dass starre, hierarchisch gegliederte Gebilde wenig Chancen auf Erfolg haben, hat sich in den letzten Jahren auch bis in die kleinsten Winkel der Managementkultur herumgesprochen. Stattdessen sind dynamische Netzwerke mit beliebig vielen, selbstorganisierten Untersystemen gefragt. Die einzelnen Mitarbeiter sind für Planung und Kontrolle ihrer Arbeit selbst verantwortlich. Sie besitzen große Handlungs- und Entscheidungsfreiheit. Diese Unternehmen entwickeln sich nichtlinear, oft mit plötzlichen Sprüngen und brüsken Veränderungen.

Doch diese rapiden Veränderungen werden durch eine höhere soziale Komponente abgefangen: Man hilft sich gegenseitig – auch in den Beziehungen zu Kunden, Lieferanten und sogar Konkurrenten. Management bedeutet, Raum für Vielfalt oder Diversity zu schaffen, damit das System sich von selbst entwickeln kann. Nicht mehr kurzfristige Gewinnmaximierung, sondern das langfristige Überleben steht im Mittelpunkt. Kontrollen sind auf das Mindestmaß reduziert. Vorübergehendes Chaos in Form von Krisen wird als Erweiterung der eigenen Lernwelt interpretiert.

Noch ist das theoretisches, nur selten in der Praxis umgesetztes Wissen. Denn uns fehlt noch etwas ganz Entscheidendes: ein neues Verständnis von Sicherheit, mit dem wir gleichzeitig Abschied nehmen von der totalen Plan- und Beherrschbarkeit der Welt. Stabilität und Nullrisiko sind sowieso Chimären. Sie sind, im Wortsinn, un-natürlich. S. A. Kauffman, einer der führenden Komplexitätsforscher, ist sich sogar sicher, dass die Evolution ganz absichtlich die komplexen Systeme an den Rand des Chaos stößt, weil sie eben nur da jene Bedingungen vorfinden, um sich kreativ weiterentwickeln zu können. Alles ist flüchtig, vage, wechselhaft. Unsere Chance besteht darin, dass wir uns in diesen Tumult ein-reihen, in dem die Karten immer neu gemischt werden. Das ist das krea-tive Spiel des Lebens.

Man, that's diversity!

5

Der große Unterschied oder Warum Kreativität Toleranz braucht, Einheitsgrößen nicht passen und es ohne Überfluss keine Wissensgesellschaft gibt

Toleranz und Freiheit sind die wichtigsten Grundlagen für eine bessere Welt, und das ist ganz unpathetisch gemeint. Es sind die Treibmittel, mit denen Erfindungen gemacht werden, die unter offenen Bedingungen diskutiert werden. Es ist kein Zufall, dass der bereits zitierte amerikanische Ökonom Richard Florida den Wert der Toleranz neben die Begriffe Technologie und Talente stellt, um seine Theorie vom Aufstieg der kreativen Klasse (*The Rise of the Creative Class*, 2002) zu belegen. Wir werden noch mehrfach auf dieses Werk eingehen, auch um zu zeigen, welche grundlegenden Vorbedingungen gesellschaftliches Handeln braucht, um die Erfolge dynamischer Kreativwirtschaft erzielen zu können.

Vorausdenkende Unternehmensführer haben das schon lange erkannt: Bereits in den 1960er Jahren entstanden die ersten Konzepte, die heute unter dem Schlagwort Corporate Responsibility (CR) bekannt sind. Dabei geht es, jenseits von Absichtserklärungen, um die Erkenntnis, dass nur eine vielfältige und ethisch abgewogene Unternehmenskultur in der Lage ist, die Potenziale, die im kreativen Produktionsprozess liegen, voll zu entfalten. Man will schlicht das Wertvollste, was Mitarbeiter zu bieten haben: ihren Verstand.

Nun könnte man sagen: War das jemals anders? Auch im Industrie-kapitalismus benötigte man schlaue Mitarbeiter, die ein hohes Maß an Wissen in ihren Arbeitsprozess einbrachten. Aber sehen wir uns diesen Arbeitsprozess einmal näher an, um zu ergründen, ob hier vor allem erlerntes, also reproduzierbares Wissen gefragt war oder eben kreatives Wissen, schöpferisches Wissen, Wissen also, das man braucht, um sich neuen Situationen anzupassen und »das Beste daraus zu machen« (man könnte auch sagen: das Neue erkennen zu können).

Der industrielle Produktionsprozess, der auf Masse zielt, ist, grund-legend gesagt, eine Methode, bei der man möglichst viel vom Gleichen herstellt. Nur die massenhafte Herstellung von Gütern lohnt sich. Dabei ist vorausgesetzt, dass die Güter sich nicht voneinander unterscheiden. Es werden 10 000, 100 000, eine Million Gegenstände völlig gleicher Quali-tät und Gestalt produziert. Das bedeutet, das ist das Gute daran, dass das Endprodukt deutlich billiger ist als handwerklich hergestellte Gegen-stände; die Qualität der industriell gefertigten Gegenstände, auch das ist bekannt, wird durch Standards und Normen gesichert, technologische Richtlinien also, die eine feste Orientierung darstellen. Die wichtigste Aufgabe jedes Menschen, der in einen solchen Prozess integriert ist, be-steht darin, die Kontinuität der Produktion zu wahren. Dabei werden feste Methoden und Verfahren angewandt, von denen man nicht einfach abweichen kann.

Konfektion oder Maßanzug? Was passt Ihnen besser?

Ein Fließbandarbeiter, der beispielsweise ein Werkstück mal so, mal so in die Maschine einspannen würde, um es zu bearbeiten, wäre in einem solchen Prozess ein Störfaktor erster Güte – und schnell entlassen. Nur der Ingenieur, der dezidierte Entwickler, darf – und auch das nur auf der Grundlage der Wahrung der Produktionskontinuität – Abweichungen planen oder erdenken. Einzellösungen sind nicht gefragt. In dieser Öko-nomie kommt es zu planvollen Verbesserungen, die allerdings immer eines gemeinsam haben, sie müssen »massenkompatibel« sein, das heißt, für eine jeweils unterschiedlich große Menge an Kunden gleichermaßen befriedigend. Das ist ein schwieriger Ansatz.

In der Textilindustrie liegen die Wurzeln der industriellen Revolution, hier wurden in England im 18. Jahrhundert die Grundlagen der heute geltenden Wirtschaftsordnung gelegt. Bis heute ist diese Branche hervorragend geeignet, sich ein Bild vom Unterschied zwischen tradiertem, statischem Wissen und Anpassungswissen (Kreativität) zu verschaffen. Stellt eine Fabrik Kleidung her, sagen wir Anzüge für Herren, dann ist es sinnvoll, wenn möglichst viele Größen angeboten werden, um möglichst viele Kunden zu bedienen. »Größen« sind eine Norm, ein Standard, eine Notlösung, denn natürlich lässt sich allein mit der Konfektionsgröße die unterschiedliche Physiognomie von Menschen nie genau treffen.

Da mag die Armlänge stimmen, dafür zwickt es an der Hüfte, kneift es an den Schultern, während die Hosen wiederum ein Stück überstehen – eine »Größe« trifft selten auf ein reales Pendant. Der Vorteil dieser Methode ist aber, dass große Mengen ohne individuelle Eingriffe hergestellt werden können. Man muss nicht die Daten von Tausenden oder gar Millionen von Kunden in die Webmaschinen eingeben, es genügt, wenn man eine Anzahl von Größen durcharbeitet. Das Wissen um die Produktion selbst wird einmal grundlegend in den Prozess eingebracht und nur mehr behutsam, en détail, korrigiert und verbessert. Das ist Massenproduktion, die dafür sorgt, dass es viele preiswerte Anzüge gibt, die allerdings einen gemeinsamen Nachteil haben: Sie sitzen nicht exakt.

Ein Maßanzug sitzt besser. Der personalisierte Aufwand ist aber ungleich höher, da muss der Kunde vermessen werden, und am Ende steht nur ein Produkt, ein einziger Anzug. Der Anteil an Arbeitszeit ist sehr hoch, denn maschinelle und rationelle Fertigung lohnt sich kaum, und deshalb sind Maßanzüge deutlich teurer als Produkte, bei denen man eine riesige Stoffrolle in eine Maschine spannt, die daraus in rasendem Tempo Anzüge produziert.

Bedürfnisse – die neue Ebene

»One size fits all« – das Schlagwort der Industriegesellschaft, das sich sozusagen aus der Produktionsmethode ergibt, verliert rapide an Bedeutung. Aber auch hier ist es nützlich, sich beide Seiten der Medaille nochmals anzusehen.

Bleiben wir beim Anzug von der Stange, dem industriell gefertigten Produkt. Einerseits war seine Entwicklung eine Revolution, vor allem eine soziale Revolution. Auch Menschen, die vorher nicht mal daran denken konnten, sich einen Anzug zu kaufen, waren plötzlich in der Lage, ein nach allen Kriterien der Standards und Normen, nach denen es gefertigt war, gutes Tuch zu tragen. Das war für die soziale Emanzipation der unteren Schichten ein wichtiger Prozess – und auch heute zeigt uns die Mode täglich ihren sozialintegrativen Wert. Sie macht einerseits gleich und korrigiert damit soziale Unterschiede, sie erfüllt dadurch andererseits ein wesentliches Gemeinschaftsbedürfnis.

Gleiches wie für das industriell gefertigte Tuch lässt sich über einen existenziell noch bedeutenderen Bereich sagen: die Nahrung. Die heute viel geschmähte industrielle Fertigung von Nahrungsmitteln, also der Einsatz von industriellen und technologischen Verfahren in der Lebensmittelproduktion, war der entscheidende Faktor für ein längeres und gesünderes Leben aller Bevölkerungsteile. Die Einführung des Kunstdüngers, die Haltbarmachung von Lebensmitteln, die durch chemische Forschung massiv angestiegenen Ernteerträge und die Erfolge bei der systematischen Tierhaltung haben Milliarden von Menschen auf ein neues entwicklungsgeschichtliches Level gehoben: Die Sorge um das tägliche Überleben verlor an Bedeutung.

Der amerikanische Industrielle Henry Ford führte zu Beginn des 20. Jahrhunderts eine Methode in seinen Autofabriken ein, die er in den Chicagoer Schlachthöfen gesehen hatte. In den Fleischfabriken wurde das Vieh nach dem Töten auf langen Fließbändern von Arbeitern in seine Teile zerlegt. Umgekehrt gedacht konnte man eine Maschine auf diese Art und Weise schneller und effizienter zusammenbauen. Das Fließband machte Ford zum Leitbild der industriellen Produktion. Was ist der Preis

Wolf Lotter

dieser Entwicklung? Henry Fords berühmter Satz über das Model T, dass man es »in jeder Farbe haben kann, vorausgesetzt, sie ist schwarz«. Skalierung, wie sie von Ford und anderen Industriellen durchgesetzt wurde, bedeutet immer eine Reduktion auf einige wenige Merkmale, Konzentration auf eine Bedürfniserfüllung nach Norm. Schwarz und sonst nichts ist das Ergebnis.

Das führt zu sehr preiswerten Produkten. Fords Model T war vor allen Dingen deshalb ein Erfolg, weil der später vom Automobilhersteller Smart geprägte Slogan »Reduce to the max« bereits im ersten Jahrzehnt des 20. Jahrhunderts konsequent umgesetzt wurde. Das Model T war kein Luxus, sondern ein weiteres klassisches industrielles Produkt. Das hat nichts mit Luxus – den man auch als sehr individuelle Bedürfnisbefriedigung verstehen kann – zu tun, sondern mit der massenhaften Befriedigung von Käuferinteressen. Man will preiswert fahren, irgendwie, dann geht auch die Farbe Schwarz, sie ist kein Problem. In diesem Kontext wird auch klar, wo die Grenzen des Machbaren dieser industriellen Bedürfnisbefriedigung sind. Sie liegen schlicht dort, wo die Grundbedürfnisse befriedigt sind. Oder anders:

> *Der reproduzierende Sektor wird auch weiterhin die Grundversorgung gestalten. Auf diesem Fundament baut jedoch eine zunehmend große Wirtschaft der individuellen Bedürfnisse auf. Sie ist passgenauer und aufwendiger, aber auch einträglicher.*

Fehlertoleranzen oder Lernen, mit Irrtümern umzugehen, ist ein wichtiges Merkmal der Ideenwirtschaft

Und das ist, das hatten wir bereits im vorhergehenden Abschnitt zur Komplexität angesprochen, eine schwierige Angelegenheit. Denn wo Grundbedürfnisse befriedigt sind, wird der Mensch vor die wahrscheinlich schwierigste geistige Übung gestellt. Er muss sich entscheiden. Immer öfter und mit einer naturgemäß nicht geringen Fehlerquote. In klassischen Organisationen sind indes Fehler verpönt, sie dürfen nicht passieren. Wo aber mehr angeboten wird, muss es zwangsläufig dazu kommen, dass wir Entscheidungen auch verwerfen müssen. Wir irren uns. Das ist nicht das Problem. Das Problem ist, wie wir damit umgehen. Wenn die Behandlung von Fehlern nicht dazu führt, dass wir neue Entscheidungen unter offenen Bedingungen besser treffen können, weil wir über Fehler nicht reden dürfen, dann passieren große Fehler. In der Ideenwirtschaft wird es eine Menge Irrwege geben. Damit müssen wir leben. Es wäre aber grundfalsch, diese Irrwege vermeiden zu wollen. Eine Vielzahl wesentlicher Entwicklungen der Creative Economy gibt es nur, weil sich die Initiatoren »geirrt« haben, aber in weiterer Folge und abweichend vom »Plan« der Nutzen des Irrtums erkannt wurde. Es kommt darauf an, was man daraus macht.

Böser Überfluss? Ohne Überfluss keine Kreativität

Der amerikanische Ökonom John Kenneth Galbraith hat in den 1950er Jahren den Begriff der Überflussgesellschaft geprägt. Das Wort wurde in der 1968er-Bewegung popularisiert und von der ökologischen Basisbewegung zum Unwort gemacht. Wir haben zu viel – das macht uns krank. So jedenfalls wird es mitten in der Wohlstandsgesellschaft gerne gelehrt – von Eltern und Lehrern. Retten wir den Begriff des Überflusses, der für die Creative Economy von großer Bedeutung ist. Wir wollen ihn nicht schönreden. Nur objektivieren.

Dieses weithin negativ besetzte Wort beschreibt nichts anderes als die Tatsache, dass sich die Bedürfnisse in einer immer stärker und intensiver produzierenden Welt, welche die Grundbedürfnisse abgedeckt hat, ausdifferenzieren – und zwar immer stärker. Es gibt zunächst eine Sorte Brot, die satt macht, dann zwei, dann zweihundert, vielleicht zweitausend. Die Grenzen sind nach oben offen. All das kann die Industrie durchaus leisten, jedenfalls bis zu dem Punkt, an dem die Bedürfnisse so fein austariert sind, so differenziert gewogen werden müssen, dass sie

Wolf Lotter

persönlich werden. Selbst wenn der Bäcker Dutzende Brotsorten offeriert, trifft er nicht mehr exakt das Bedürfnis jedes einzelnen Käufers. Der Bäcker muss sozusagen jedem seine eigenen Brötchen backen.

Differenzierung ist ein wichtiger Begriff der Creative Economy. Differenzierung bedeutet, dass letztlich alles wirtschaftliche Streben von der Masse auf das Individuum übergeht. Im Grunde genommen war das Bedürfnis immer eine persönliche Angelegenheit. Ein Mensch hat Hunger, auch wenn mit ihm Millionen anderer hungern mögen. Kein Bedürfnis gleicht dem anderen, außer natürlich, man begreift Menschen als Subjekte, die sich letztlich beliebig steuern und konditionieren lassen, so wie das die totalitären Ideologien des Faschismus und Stalinismus taten. Beide Ideologien sind übrigens untrennbar mit der Industriewelt verbunden, entstammen der Vorstellung, dass das, was für einen gut ist, auch für alle anderen in Ordnung geht. Und wie in der perfekt organisierten Fabrik werden Störfaktoren rigoros »eliminiert«. Schon die Sprache der Massenmörder-Regime verweist auf ihre Herkunft, die rationale Welt der Skalierer, die ihre Fabriken nach scheinbar logischen Gesichtspunkten ausrichteten.

Tatsächlich aber ist und bleibt der Mensch ein Individuum, dessen Unverwechselbarkeit jeder Ideologie trotzt. Gemeinsam ist den Angehörigen von Gesellschaften allerdings, dass sie sich an keinem Punkt ihrer Entwicklung mit dem zufriedengeben, was sie haben. Es muss immer noch etwas oben draufgesetzt werden. Die Massenproduktion kann dieses Grundmuster nur bedingt befriedigen. Die industrielle Ökonomie vermag zwar große Mengen aller möglichen Produkte preiswert herzustellen, aber sie kann nie genau jene Bedürfnisse treffen, die ganz oben in der Skala menschlicher Ziele stehen: die persönlichen Bedürfnisse. Das Selbst-Produkt.

Was ist das? Zum einen ist das Selbst-Produkt das Ziel der kreativen Ökonomie. Es sollen personalisierte, feinere Lösungen geboten werden, als sie die Industrie in ihrer massenhaften Art anbieten kann. Die Creative Economy zielt auf individuelle Problemlösungen.

Unsere Bedürfnisse oder
Erinnerungen an Mister Maslow

Das ist ein ganz natürlicher Prozess. Im Jahr 1943 veröffentlichte der amerikanische Psychologe Abraham Maslow sein Modell von der »Bedürfnishierarchie«, bekannt als »Maslow'sche Bedürfnispyramide«. Dabei beschreibt Maslow die elementaren, existenziellen Bedürfnisse als Fundament. Dazu gehören die körperlichen Bedürfnisse wie Essen, Trinken und Schlafen, der Wunsch nach Sex (aus Reproduktionsgründen) und alles zur Sicherung der Existenz sonst Erforderliche.

Eine Stufe höher verlegte Maslow das Pyramiden-Stockwerk der Sicherheit. Hier befinden sich alle Elemente des Gemeinwesens, die uns heute selbstverständlich vorkommen: Recht und Ordnung, der Schutz vor Gefahren (durch kollektive Sicherung, etwa Polizei oder Armee), aber auch die Wahrung des Status quo. Dieses Stockwerk ist heute heiß umkämpft und wird heftig debattiert: Denn im Bereich der Sicherheit sind für Maslow auch jene Fallstricke gespannt, die einen Aufstieg in höhere Etagen gefährden. Wer etwa seinen sozialen Status quo auf Biegen und Brechen verteidigt, kann unter Umständen nicht die nächsthöhere Ebene betreten. Vielfach wird die nächsthöhere Hierarchieebene menschlicher Bedürfnisse, der Bereich der sozialen Beziehungen, als Widerspruch dazu gesehen. Auf Etage 3 sind menschliche Bedürfnisse wie Familie, Freundschaft, Partnerschaft, Intimität und Kommunikation angesiedelt. Wer beispielsweise Tag und Nacht nur rackert, um die Ebene 2 seiner Bedürfnisse zu befriedigen, der gefährdet unter Umständen die Erfüllung seiner Bedürfnisse in der »nächsthöheren« Kategorie.

Schon fast an der Spitze der Bedürfnispyramide thront die Ebene 4 mit den Bedürfnissen nach sozialer Wertschätzung, Respekt, Anerkennung in der Gemeinschaft, Wohlstand, Geld, private und berufliche Erfolge, ein hohes Selbstbewusstsein. Das sind heute ganz eindeutig die Ziele der meisten Menschen in unserer Gesellschaft. Es genügt nicht mehr, satt zu sein und sich fortpflanzen zu können, es reicht längst nicht mehr, in einem Milieu relativer rechtlicher Sicherheit zu leben. Die Ziele, die danach kommen, sind die eigentlichen Träger der Identität der postindustriellen Gesellschaft, in der wir leben. Wer daran zweifelt, mag sich die von der Werbung punktgenau ausgesuchten Leitbildmuster ansehen. Hier finden sich Maslows Thesen aus der Ebene 4 glänzend erfüllt.

Doch halt, da ist noch etwas. Der selbstbewusste, erfolgreiche, materiell gesicherte Mensch des 21. Jahrhunderts möchte noch mehr als Anerkennung und Respekt. Er möchte mehr, als sich in die Gesellschaft, in der er lebt und arbeitet, integriert fühlen. Das alles sind noch Anpassungsleistungen an die Umwelt, die vom Kollektiv bestimmt werden. Seine Persönlichkeit aber entfaltet er erst auf der Ebene 5 der Maslow'schen Bedürfnispyramide: Hier spielen Individualität, die Entfaltung persönlicher Fähigkeiten und Fertigkeiten (Talente), die Perfektion aller Dinge und Sachverhalte, mit denen man lebt, die entscheidende Rolle. Maslow hat dafür den Begriff der Selbstverwirklichung geprägt. Daran kann die Ökonomie nicht mehr vorbeigehen.

Der industrielle Kapitalismus hat »Aufzüge« entwickelt, die bis in die vierte Etage reichen – aber die fünfte Ebene der Pyramide bleibt unerreichbar. Vorher bleibt das Ding stecken.

Es ist die Ebene der persönlichen Problemlösung, Individualität, kurz: der Creative Economy. Es geht darum, Bedürfnisse exakt, genau, präzise zu erfüllen, und mehr: Es geht darum, im engen Einvernehmen mit dem Bedürfnisträger Lösungen zu entwickeln, die genau seinen Vorstellungen entsprechen. Hier liegen, als Vorläufer der Creative Economy, die »i«-Produkte und Methoden der 1990er und frühen 2000er Jahre. Hier sind natürlich auch die Wirtschafts- und Handelsgemeinschaften, die erst durch die massenhafte Verbreitung des Internets als technologische Austausch- und Vertriebsform entstanden sind, angesiedelt. Die Aussichten sind auf dieser Ebene hervorragend.

Exakt, nicht exakt, genau, ungefähr. Das sind durchaus wichtige Begriffe, wenn es um die Differenzierung der Massenproduktion zur Kreativwirtschaft geht.

*Nicht mehr Produkte und Güter stehen auf der Prioritätenliste
ganz oben, sondern Ideen und kreative Lösungen für Probleme,
die viel punktgenauer die Bedürfnisse des Kunden und
Bürgers treffen. Es ist der Aufbruch in eine Welt,
in der die Bedürfnisse nicht mehr vorwiegend pauschal,
sondern differenziert über Märkte bedient werden.*

Kurz und gut: Wir kriegen endlich, was wir immer wollten. Das ist durchaus anstrengend, denn es setzt zuallererst das Wissen darüber voraus, was man will, und zwar in einer Differenzierung, die bisher unvorstellbar gewesen ist.

6

Märkte der Vielfalt
oder Das bunte Treiben

Nochmals zur Übersicht: Es ändert sich viel, aber vieles bleibt, wie es ist. Es kommt auf die Sichtweise an, wie viel wir von der Ideenwirtschaft nutzen.

Statt Massenproduktion kommt es zu einer stark auf individuelle Anforderungen ausgerichteten Wirtschaft. Die Industrie verschwindet nicht, sie wird aber »nur« mehr die Werkbank sein, auf der eine Vielzahl von Ideen die heute vorhandenen standardisierten Lösungen und Angebote ablöst. Das Wesentliche dieser Ökonomie ist ein rascher, ständiger Wandel im Sinne permanenter Verbesserungen und einer Restrukturierung von Systemen.

Dies ist das Zeitalter, in dem die von Joseph A. Schumpeter aufgestellte zentrale Formel der neuen Ökonomie deutlich wird. Es ist die »schöpferische Zerstörung«, also eine permanente kreative Dekonstruktion des Bestehenden. Man darf darunter allerdings nicht eine ziellose Zertrümmerung aller bewährten Methoden und Strategien verstehen. Das entscheidende Moment bei der schöpferischen Zerstörung ist der Wille und die Fähigkeit zur beständigen Verbesserung von Ideen, Methoden und Produkten, Systemen und Organisationen. Das Fehlen dieser Fähigkeit, zuweilen als »Reformmüdigkeit« oder als »Besitzstandswahrung« beschrieben, mal als »innovationsfeindlich« oder »konservativ« festgehalten, ist das entscheidende Kriterium der Wirtschafts- und Gesellschaftsordnung, in der wir uns befinden.

Der Befund ist klar. Die Diagnose ist hinlänglich gestellt. Es bleibt die Frage: Was und wer löst das bestehende, auf industrieller Basis befindliche Wirtschafts- und Gesellschaftssystem ab? Welches Zeitalter, welche grundlegende Denkweise wird von der Ideenwirtschaft ausgelöst werden?

Ein Zeitalter, in dem hohe Ansprüche an die Anpassungs- und Wandlungsfähigkeit der Protagonisten in der Wirtschaft gestellt werden, ein Zeitalter aber auch, dessen Ziel eine deutlich bessere, qualitätsvollere, menschlichere und weniger standardisierte Welt ist.

Was tatsächlich passiert, ist eine Verfeinerung der Angebote auf allen Ebenen und auch eine weitreichende Differenzierung der Bedürfnisse. Die »schöpferische Zerstörung« erhöht das Angebot an Dienstleistungen, Services, Produkten, Ideen und Lösungen. Problemstellungen, die bisher nur an Standards und Normen gemessen wurden und deren Lösung gleichsam an die Erfüllung dieser Normen gebunden war, erfahren eine tiefer greifende, detaillierte Behandlung. Die alte Losung: »One size fits all« wird damit obsolet.

> *Kreativität ist die Fähigkeit, auf detaillierte Probleme eingehen zu können. Auf eine unverwechselbare Fragestellung. Im industriellen Gefüge war das praktisch nicht möglich. Es konnte bestenfalls suggeriert werden, dass man Lösungen für alle hatte. Wie unzureichend diese waren, stellte sich dann erst in der Praxis heraus.*

Kreativität schafft Wissen. Es ist Wissen, das nicht mehr ausschließlich zur Standardisierung von Prozessen genutzt wird – wiewohl die Standards und Normen auch weiterhin ihre Berechtigung haben werden (allerdings nur mehr als Richtlinie, nicht mehr als »ehernes Gesetz«, dem sich alles unterordnen muss). Dieses Wissen ist hochwertig, weil es ein ganz konkretes Problem löst. Überdies ist es vernetzbar, aber nicht skalierbar. Was bedeutet das?

In der bisherigen Geistesgeschichte – und ganz besonders ab dem Zeitalter der Industrialisierung – wurde Wissen als eine Art Baustein begriffen, mit dem man allmählich in die Höhe baute. Stein auf Stein, Erkenntnis auf Erkenntnis waren miteinander verbunden. Der Mörtel zwischen diesen Steinen bestand im Wesentlichen aus Standards und Normen, sowohl technischen als auch ethischen Normen, die zu einem »höheren Ziel« führen sollten.

Die Vorstellung ist, dass Wissen nur dann eine Berechtigung hat, wenn es dem »Gemeinwohl« dient. Gemeinwohl meint stets: zum Wohl der meisten. In dieser Geisteshaltung wird Wissen nur dann als hochwertig und wichtig akzeptiert, wenn seine Ergebnisse skalierbar sind, also für die massenhafte Anwendung und Problemlösung taugen. Wissen, das nur ein Detailproblem löst, gilt hingegen als »Kunst«, was spätestens seit der Industrialisierung gleichzusetzen ist mit einem persönlichen, nicht wirklich relevanten Bedürfnis.

Die Kathedrale stürzt ein

Wie gesagt: Stein auf Stein des skalierbaren Wissens wird gelegt, und man baut immer höher. Eric S. Raymond hat das in seinem Aufsatz »Die Kathedrale und der Basar« als Sinnbild einer Handelsordnung (im Internet) geprägt. Während die alte, industrielle Ordnung nach »Höherem«, also »Gemeinwohligem«, strebt, ist die neue Ökonomie einen Schritt weiter. Die wesentlichen Grundbedürfnisse sind bereits im Zeitalter der Massenproduktion erfüllt worden. Es ist in der Tat grundfalsch, das Industriezeitalter zu verteufeln, so wie das vielfach heute in sogenannten »Grassroot«-Philosophien geschieht. Nie zuvor waren so viele Menschen in der Lage, in gesicherter Existenz zu leben, wie im industriellen Zeitalter. Der Punkt ist nur: Diese Bedürfnisse sind weitgehend abgehakt. Wir sind einen Schritt weiter in der Maslow'schen Bedürfnispyramide. Jetzt geht es darum, möglichst viele Ideen auf den Markt zu bringen, um unsere detaillierten persönlichen Bedürfnisse zu erfüllen.

Die Welt der Kreativwirtschaft verhält sich anders. Neben der Kathedrale des Wissens, die ein in sich geschlossenes System darstellt, entsteht ein Basar, in dem kurzfristige individuelle Bedürfnisse ausgetauscht und befriedigt werden.

Das ist die Welt der Ideenwirtschaft, einer Wirtschaft, die mit Ideen und Wissen hantiert. Diese Welt kollidiert aber mit voller Wucht mit den bestehenden starren Strukturen der westlichen Industrieländer. Deren soziale und politische Strukturen sind ebenso wenig imstande, mit den Anforderungen der Creative Economy umzugehen, wie es die heutigen Unternehmen zu einem großen Teil können. Der Wandel, den die Ideenwirtschaft auslöst, ist umfassend und gleicht in seiner Radikalität den Umbrüchen Anfang des 19. Jahrhunderts, als die Maschine die tierische und menschliche Arbeitskraft zusehends ersetzte.

Vorsicht: Es geht nicht um eine Revolution. Es sind evolutionäre Prozesse, die greifen, und zwar ineinandergreifen. Erst allmählich werden bekannte, überlieferte Denkformen von neuen abgelöst. Hier knallt nichts, hier fließt es. Man darf sich den Transformationsprozess nicht als Anzahl gewaltiger klarer Brüche vorstellen (so wie es Thomas S. Kuhn noch in seinem Buch *Die Struktur wissenschaftlicher Revolutionen* beschrieben hat). Vielmehr schiebt sich, wie in der Plattentektonik die Fundamente unsere Kontinente, eins mal unter, mal über das andere, verbindet sich und zeigt sich erst mit einiger zeitlicher Distanz als neue Form. Es sind keine Revolutionen, sondern allmählich ablaufende evolutionäre Schritte, deren Zeitzeugen wir sind. Die kreative Ökonomie verfeinert permanent und verbindet industrielle Produkte und Ideen mit individuellen, detaillierten und unverwechselbaren Bedürfnissen.

Der iPod des kalifornischen Computerherstellers Apple ist ein gutes Beispiel dafür. Die Hardware selbst ist ein industrielles Produkt. Die Kompilationen aber, die sich auf den Digitalmusikspielern finden, sind niemals gleich. Das gesamte Produkt ist am Ende ein Zwitter aus Normen und Standards sowie kreativer, also persönlicher Ökonomie. (Das Beispiel lässt sich übrigens auch auf jeden Computer übertragen. Es gibt keine zwei vollständig identischen PCs auf der Welt, wenn wir Hardware und Wetware, also die vom Benutzer kreierten Inhalte, als vollständigen Computer begreifen). Es findet eine Transformation der Werte statt, die nicht mehr der Normierung, also der Hardware, die nach wie vor vom Fließband kommt, die größere Bedeutung zumisst, sondern dem individualisierbaren Inhalt auf dem MP3-Spieler.

Wolf Lotter

Talente, Toleranz und Technologie

Der amerikanische Ökonom Richard Florida hat in seiner populären Arbeit *The Rise of The Creative Class. And How It's Transforming Work, Leisure and Everyday Life* (Basic Books, 2002) eine sehr weitreichende Definition der Kreativwirtschaft abgegeben. Florida behauptet, dass dem kreativen Sektor, wie er ihn klar und auch selbstbewusst in einem Atemzug mit dem Service- beziehungsweise Dienstleistungssektor und der Industrie nennt, eine Schlüsselrolle in der heutigen Wirtschaft zukommt. Er führt insbesondere folgende Teilbereiche dieses kreativen Sektors an:

- Wissenschaft und Forschung;
- Ingenieurwesen;
- Architektur;
- Design;
- Kunst;
- Medien und Unterhaltung.

Hier sehen wir bereits eine ganze Menge an wirtschaftlichem Potenzial versammelt, auch wenn dieser Umstand noch viel zu kurz greift. Wer würde ohne die Produkte von Forschung und Entwicklung auskommen, wer ohne Software? Wer würde von der Existenz solcher Produkte erfahren, gäbe es keine Medien? Welche über den rein künstlerischen Aspekt hinaus gedachte Situation ergäbe sich, wenn nicht Büros, Anlagen, Fabriken, Straßen und Kommunikationssysteme aller Art entsprechend entwickelt und designt wären? Eine Vielzahl weiterer essenzieller Grundlagen der heutigen Wirtschaft und Gesellschaft lässt sich also bereits aus den wenigen von Florida angeführten Teilbereichen ableiten.

Sein zentraler Ansatz war es, eine Antwort auf die Herausforderungen der Globalisierung zu finden. Damit verbunden sind Problemstellungen wie etwa die Abwanderung von Produktionseinheiten in Billiglohnländer oder die evidenten Probleme mit der alten industriellen Wirtschaft in den Ländern der sogenannten »Ersten Welt«, den »reichen« Staaten des Westens. Wird dieser Westen untergehen? Werden wir verarmen? Nicht, wenn wir, wie es auch Florida unternimmt, den ernsthaften Versuch machen, die wahren Qualitäten der neuen Wirtschaft – der Ideen-wirtschaft oder Creative Economy – zu erkennen.

Im 19. Jahrhundert suchten sich Industrielle ihre Standorte nach ein-fachen Kriterien aus. Es musste eine natürliche Ressource vor Ort sein, mit der sich Fabriken betreiben ließen – etwa Kohle im Ruhrgebiet. Überdies musste gleichzeitig ein Transportweg, idealerweise ein Fluss, für den Rohstoff- und Güteraustausch zur Verfügung stehen.

Drittens und am wichtigsten: Es mussten viele Arbeitskräfte zur Ver-fügung stehen. Entweder vor Ort oder – alternativ – der Platz für die Fabrik musste so liegen, dass sich mühelos viele Arbeitskräfte ansiedeln ließen. Das ist übrigens der klassische Weg, der sich noch heute im schö-nen Begriff »Standortpolitik« der Politiker wiederfindet. Es geht darum, die einmal geschaffenen Strukturen dauerhaft zu verlängern. Nun ist das angesichts des Industriesterbens schon in den 1970er Jahren als Illusion erkannt worden. Dennoch wirkt das staatliche Instrumentarium der »Industriepolitik« heute noch genau so wie zu Zeiten der Stahlbarone vom Schlage Krupp & Co.

Florida fragt anders. Wie kann es kommen, dass manche Regionen über eine hohe Dichte an gut ausgebildeten, hochkreativen Arbeitskräf-ten verfügen? Zum Beispiel das Silicon Valley südlich von San Francisco. Welche Kriterien müssen erfüllt sein, damit kluge, kreative Köpfe dort gerne bleiben, viel Geld ausgeben und Steuern zahlen? Für eine Kom-mune ist es natürlich viel angenehmer, wenn sie gut verdienende Kopf-arbeiter als eine Fabrik hat, die lärmt und die Umwelt beeinträchtigt. Ganz abgesehen davon, dass Kopfarbeiter mehr Geld verdienen.

Wie geht das? Durch die richtige Umsetzung von Kreativität, sagt Florida. Sie ist die wichtigste Größe für ökonomische Erfolge, voraus-gesetzt, das Umfeld stimmt. Schon heute gilt, dass Unternehmen ihren Standort nicht mehr nach alten Mustern wie einst Krupp wählen, son-dern vor allen Dingen die Attraktivität des Standorts für ihre Mitarbei-ter im Auge haben. Die meisten kreativen Jobs lassen sich sowieso über-all erledigen. Man braucht weder Flüsse noch Kohlereviere, um kreativ sein zu können.

Die hohe Vernetzung durch Kommunikationstechnologie tut ein

Wolf Lotter

Weiteres. Es wäre eigentlich kein Problem, wenn man eine Gruppe Geistesarbeiter mitten im kanadischen Urwald platzieren würde. Wenn's ihnen gefällt.

Aber natürlich verlangen Kopfarbeiter Standorte und Umgebungen, die ein hohes Maß an Akzeptanz für ihre Vielfalt bieten. Richard Florida hat dazu einen – nicht unumstrittenen – Faktor ausgewählt, den »Gay-Factor«. In San Francisco gibt es eine bekanntermaßen vitale und allseits akzeptierte homosexuelle Community. Der Grund liegt vor allen Dingen darin, dass die Bürger der Stadt tolerant sind. Toleranz ist wichtig – nicht nur gegenüber Homosexuellen. Toleranz zeigt nach Florida an, wie sehr die Community, in der sich kreative Arbeit niederlässt, mit Unterschiedlichkeit umgehen kann. Akzeptiert man die Vielfalt, die sich da zeigt, oder will man, dass die, die kommen, »so sind wie wir«?

Fazit: Je liberaler, je offener Standorte sind, desto besser ist dies für die Ansiedlung kreativer Industrien. Das lässt sich übrigens nicht nur am Raum San Francisco ablesen. Der Medienstandort Hamburg ist auch kein Zufall. Die norddeutsche Metropole ist als großer Handels- und Hafenplatz traditionell weltoffen und tolerant. Das wiederum zieht Kopfarbeiter an, die einer Avantgarde angehören. Das gesamte Milieu kommt ihnen entgegen. Die »Creative Class« fühlt sich wohl an solchen Orten. Florida schreibt über die Ideenwirtschaftler oder die Angehörigen der kreativen Klasse: »I define it as an economic class and argue that its economic function both underpins and informs its members' social, cultural and lifestyle choices.«

Toleranz zieht Talente an, so Floridas Schlussfolgerung, und daraus entsteht Technologie, ein Sammelbegriff für kreative Lösungen. Die drei T sind in der Forschung mittlerweile berühmt: »Technology, Talent and Tolerance« sind mächtige Grundelemente einer erfolgreichen neuen Wirtschaft. Man muss diese erfolgreiche Wirtschaft nicht prophezeien: Es gibt sie überall in den Technologiestandorten dieser Welt. Es sind Regionen, in denen der Ausbildungsgrad der Bevölkerung überproportional hoch und die kulturelle und persönliche Vielfalt (Diversity) sichtbar ist. Die attraktiven Lebensbedingungen für die Kreativen schlagen sich in einer hohen Produktivität und spürbaren Innovationsschüben nieder.

Was ist so spektakulär an Floridas Thesen? Es ist die Tatsache, dass nicht mehr schiere Zahlen und Fakten, wie sie in der Ökonomie zu Standortentscheidungen geführt haben, im Vordergrund stehen, sondern kulturelle und soziale Fähigkeiten und Voraussetzungen, die zu wirtschaftlichen Erfolgen führen. Das ist ein enormer Paradigmenwechsel. Wer die TTT richtig interpretiert, sieht darin eine Chance, die weit über die ökonomische Welt hinausgeht, denn:

Eine offene Gesellschaft ist die ideale Umwelt
für Wissensarbeit und Ideenwirtschaft.

Nur offene Gesellschaften werden Ideenökonomen
auf Dauer halten können. Offene Gesellschaften sind
wohlhabende Gesellschaften. Sie sind in der Lage,
soziale und kulturelle Ansprüche auf weitaus höherem Niveau
zu verhandeln als Standorte oder Gesellschaften,
die auf reproduzierende Industrien setzen.

Anders gesagt:
Es lohnt sich, tolerant und offen zu sein.

Das Begreifen oder Wie fühlt sich eine Idee an?

Unser Bewusstsein treibt uns unaufhörlich an, zu verstehen, zu analysieren und weiterzudenken. Nichts und niemand kann sich dem entziehen. Menschen wollen begreifen – das kann man auch als Hinweis darauf verstehen, wie schwer es ist, tatsächlich die Kraft des Denkens, die hinter jeder Idee und jedem Wissen steckt, zu respektieren. Das Abstrakte, der Gedanke, ist eben nicht materiell be-greifbar. Dem reinen Gedanken trauen wir deshalb nicht. Wir können ihn nicht riechen, nicht schmecken, nicht tasten. Er wiegt nichts, und er hat kein messbares Volumen. All das zusammen mag banal klingen, ist aber eine der größten Hürden unserer Gesellschaft, die zunehmend nicht mehr von der Erzeugung von

Wolf Lotter

Produkten und Gütern, Gegenständlichem aller Art, lebt, sondern von Ideen und Wissen.

Natürlich werden die Endstufen dieser Ideen und des Wissens sich weitgehend materialisieren: Man wird am Ende einer guten Idee einen besseren Computer, ein sichereres Auto, eine nützliche Maschine oder einen perfekt sitzenden Anzug aus einem Stoff tragen, der nie zerknittert und den man nicht in die Reinigung bringen muss. Doch die Prioritäten werden sich ändern – und in vielen Feldern hat sich der Stellenwert zwischen Materiellem und Immateriellem bereits verändert. Bereits im letzten Drittel des 20. Jahrhunderts wurde die Industrie – nach fast 200-jähriger Regentschaft – von Dienstleistungen und Services als wichtiges Wirtschaftssegment abgelöst. Im Laufe der letzten vier Jahrzehnte hat sich immer stärker herauskristallisiert, dass sich die Bemühungen der Wirtschaft zunehmend auf die immateriellen »Güter« – ein besseres Wort haben wir noch nicht gefunden – fokussieren. Die Idee ist der Wert. Wissen ist Macht.

7

Das Ende des Hamsterrads
oder Zeit und Arbeit
in der Ideenwirtschaft

Die Unterscheidung von Arbeit und Freizeit, die man vor der Industrialisierung nicht kannte. Der massive Einsatz der Uhr und damit eine zunehmende Beschleunigung, die sich aus dem industriellen Produzieren ergibt. Der Achtstundentag, die schulische und außerschulische Ausbildung sowie die Art und Weise, wie Schule und Ausbildung bis ins kleinste Detail gestaltet sind. Die politischen Parteien und Organisationen, Interessenvertretungen, Tarifverträge, Löhne, das Steuer- und Abgabensystem, die auf Masse ausgerichteten Verkehrs- und Kommunikationswege, selbst der demokratische Parlamentarismus – sie alle sind Kinder des Industriezeitalters.

All diese »Errungenschaften« wurden zur Anpassung an das Produktionsregime eingesetzt, nach und nach, und so gestalten sie bis heute den Eindruck von der Welt, den wir haben. Der Kapitalismus aber ist keineswegs an eine Wirtschaftsform gebunden, die immer mehr vom Gleichen herstellen muss. Das ist nur ein über die Jahre gut eingespieltes Vorurteil.

Dieser gesamte Wandel ist sicher nicht weniger radikal als der, den unsere Vorfahren auf sich nehmen mussten, die von der feudal-agrarischen Welt in die der Industrie befördert wurden – schnell, brutal und alternativlos. Sie mussten sich in kürzester Zeit an ein völlig neues Leben gewöhnen, und Generationen mussten sich dafür einsetzen, dass das Leben in diesem System erträglich wurde. Die Lehren aus der Industrialisierung sind allerdings scheinbar noch nicht gezogen.

Mit sturer Vehemenz wird am alten Organisations- und Planungs-regime festgehalten, was allerdings dazu führt, dass der unausweichliche Zukunftsschock – wie es Alvin Toffler bereits zu Beginn der 1970er Jahre nannte – umso härter ausfallen wird.

Warum? Zum einen, weil ganz natürliche Anpassungsprozesse uns dazu zwingen, die rohstoffintensive und damit ressourcenvergeudende Industrie zugunsten besserer Verfahren und Methoden zu ersetzen. Wir können nicht mehr global und unter dem Vorzeichen sich rapide ent-wickelnder Großstaaten (alias: Großverbraucher), wie etwa China und Indien, mit den gleichen Methoden, dem gleichen Energieverbrauch und den Ressourcenansprüchen vorgehen wie in der Vergangenheit. Deshalb beschleunigt sich das Innovationstempo. Der Druck nimmt zu. Innova-tionsdruck bedeutet aber auch immer, dass ein hohes Bewusstsein für potenzielle Problemlöser vorhanden sein muss. Hier ist der Aufholbe-darf unübersehbar: Statt kreative Leistungsträger hervorzuheben und sie in ihrer Arbeit zu unterstützen, verbünden sich Parteien, Institutionen und Vertreter des alten Industriekapitalismus zur großen »Gerechtig-keitsdebatte«, die vielfach nur Nivellierungsabsichten trägt.

Der Grund für die Vielzahl an technischen Implementierungen und letztlich für den Durchbruch der Ideenwirtschaft, die permanent und nicht nur in der »Not« und »wenn es nicht anders geht« nach Verän-derungen ruft, sondern diese Veränderung zum permanenten Zustand macht, liegt in den klar absehbaren Grenzen des Machbaren des alten industriellen Regimes.

Das bedeutet keineswegs, dass es künftig keine industriellen Produkte mehr gibt. Aber kann man die Erzeugerbetriebe und Prozesseinheiten, die da entstehen, noch Industrien nennen? Es sind Fertigungsstätten, in denen sehr viel ausgefeiltere persönliche oder der Problemlösung ent-sprechende Produkte hergestellt werden, zuweilen nur ein oder einige Stücke einer Variante. Die Skalierung, das massenhafte Produzieren, das Preisvorteile bringt, tritt demgegenüber auf vielen Feldern zurück. Gera-de in der Industrie ist man sich dessen sehr bewusst.

Das Ironische an der kreativen Revolution ist, dass kluge Industrie-lenker und Manager sie lange vor den heute als »eigentliche Vertreter«

der Kreativwirtschaft verstandenen Berufsgruppen bewusst erlebten. Der Wandel in der Industrie währt seit fast einem halben Jahrhundert, er umfasst Rohstoff- und Energiekrisen, Absatzprobleme, vor allem aber das zügige und in erfolgreichen Industrieunternehmen vollzogene Primat der permanenten Innovation.

Und es macht klar, wie falsch es ist, veraltete oder am Markt nicht überlebensfähige Industriestandorte mit staatlichen Hilfsprogrammen und Subventionen zu bestreichen.

Diversity ist ein Begriff aus der Welt des Komplexen, des Vielfältigen. Komplexität ist der abstrakte Steinbruch, aus dem sich die Kreativwirtschaft bedient. Varianten, Möglichkeiten, Nuancen werden abgetragen, gedacht und angewandt. Sie sind Güter, welche die Bedürfnisse der Einzelnen, gleich, ob Personen oder Subsysteme, deutlich genauer treffen. Dies bedeutet aber auch: Die Unverwechselbarkeit steigt, während die für die Industriezeit typische Normierung und Standardisierung zurücktritt. Der Effekt davon ist zunächst eine tiefe Verunsicherung. Ent-Normierung bedeutet vor allen Dingen eines: ein hohes Maß an Unsicherheit im Alltag. Woran kann man sich orientieren? Wer gibt die Maßstäbe vor? Was ist zu tun? Alle Standards und Normen dienen der Ent-Komplexität, sie reduzieren die Realität auf ein handhabbares Maß. Das ist wichtig.

Diese Standards gehen in der Welt der Ideenwirtschaft nicht verloren. Vielmehr baut die Ideenwirtschaft auf diesen Standards auf. Es ist allerdings fraglich, ob sie selbst welche schafft. Denken wir hier nochmals an die TTTs Richard Floridas: Es geht um offene Gesellschaften, die die Grundlage der Ideenwirtschaft und ihrer Erfolge bilden. Diese Gesellschaften sind, einfach gesagt, weniger normiert und reglementiert als andere.

Der Konflikt ist fundamental. Die Ideenwirtschaft braucht natürlich Sicherheiten in Form von Planbarkeit und Organisierbarkeit. Dazu muss man die Welt nicht neu erfinden, aber ein wenig anpassen. Warum? Viele Arbeitsabläufe sind heute auf reproduzierende Ziele hin ausgerichtet. Für kreative Prozesse, die sich allmählich entwickeln, taugen diese Organisationsformen – ob es nun Projektabläufe oder Unternehmen sind – nicht wirklich. Das ist so wie mit dem Achtstundentag – für Kreative hat dieses Relikt aus dem industriellen Schichtbetrieb keinerlei Bedeutung.

Fragen, die man hier stellen muss, lauten: Ist Kreativität planbar? Oder reiner Zufall? Und welche Spannungsverhältnisse entstehen, wenn konventionelle Planungsarbeit auf kreative Prozesse stößt? Wollen wir lesen, was einer der diesbezüglich besten Experten zu sagen hat.

Ralf Langwost

Glauben Sie an Wunder oder wollen Sie Ideen? Wie ein kreativer Wertschöpfungsprozess gezielt Innovationen ermöglicht

Sie haben sich dafür entschieden, ein Buch über die Kreativindustrie zu lesen? Warum? Ideen sind doch reiner Zufall, oder? Das heißt, die Produkte dieser Industrie sind ebenfalls rein zufällig. Wenn Sie dies wirklich glauben, dann können Sie die nächsten Seiten überblättern und weiter über den Zufall sinnieren.

Das gefällt Ihnen nicht? Na gut, dann lesen Sie weiter – aber auf eigene Gefahr und mit der Konsequenz, dass sich vielleicht ein paar geliebte Vorurteile verändern und damit Ihr Weltbild. Denn: Ideen waren noch nie Zufall!

Vielleicht ist Ihnen aufgefallen, dass man bestimmte Menschen als kreativ bezeichnet. Wahrscheinlich deshalb, weil sie Dinge anders machen, neuartig handeln und ihre Ideen auch umsetzen. Würde es diesen Menschen nur ein Mal gelingen, eine großartige Idee zu haben, würde sich daraus noch kein kreativer Status ableiten. Das Gleiche gilt für Unternehmen.

> *»I believe that rule 1 is there are no rules. Rule 2 is there may be exceptions to rule 1.«*
> Loz Simpson

Wir alle kennen Menschen und Unternehmen, denen es wiederholt gelingt, außergewöhnlich kreative Produkte und Leistungen hervorzubringen: Steve Jobs von Apple, Madonna für die Musikbranche oder Sir

Norman Foster in der Architektur. Doch ist eine solche wiederholbare Kreativität wirklich zufällig, oder ist es gar eine Haltung oder Methode, die hier bewusst oder unbewusst Anwendung findet?

Zu den Firmen, in denen Ideen nicht mehr zufällig passieren dürften, zählen ganz sicher die Industrien, in denen Ideen im Auftrag anderer geschaffen werden. Hierzu gehören Unternehmen der Kommunikations- und Medienbranche, Architektur, Mode und Design, die Musik-, Film- und Software-, aber auch die Computerspielindustrie. In der Kreativindustrie müssen sich Ideen schnell beweisen, möglichst oft erfolgreich sein und ihr gesellschaftliches Potenzial mit wirtschaftlichem Wert sofort entwickeln.

Diese Unternehmen können es sich nicht leisten, einem Zufallsprodukt hinterherzujagen. Sie müssen einen Prozess gestalten, der den Zufall beim Einfall reduziert und damit das Risiko von Ideen. Und je kleiner die Budgets, desto wichtiger werden Ideen, denn: Wenn Sie viel Geld haben, können Sie es sich leisten, keine Idee zu haben, wenn aber Ihr Budget minimal ist, müssen Sie eine Idee haben.

Wie reduziert man den Zufall beim Einfall?

Diese Frage ist die Grundlage eines weltweiten Forschungsprojekts, das in der Kommunikationsbranche durchgeführt wurde. In keiner anderen Industrie werden Ideen so schnell entwickelt und anschließend öffentlich diskutiert wie dort. Nirgendwo anders werden sie in loser Folge via Fernsehen direkt ins Wohnzimmer oder an den Küchentisch gebracht. Und nirgendwo sonst werden in derart kurzer Zeit Ideen überarbeitet, verbessert und ihr Erfolg am Markt als Maßstab für die Entwicklung weiterer Ideen genutzt.

Selbst wenn 99 Prozent der wahrgenommenen Werbeideen eher mittelmäßig erscheinen, kommt ein kreativer Hochleistungsprozess zum Einsatz. Einige Phasen dieses Prozesses laufen bewusst ab, andere unbewusst. Um aber den Zufall zu beeinflussen, ist es notwendig, unser Bewusstsein für den gesamten kreativen Prozess zu erhöhen.

Dazu hilft es zu erkennen, dass jede Idee am Anfang eine Kommunikationsidee ist. Zuerst in der Kommunikation mit sich selbst und dann mit anderen. Es ist deshalb sinnvoll, von jenen Top-Kreativen zu lernen, die überraschend effektive Kommunikationsideen professionell unter Zeit- und Leistungsdruck erarbeiten. Daraus ergeben sich zwei Fragen:

Wie beschreibt man einen Prozess, in dem die Idee nicht Kunst, sondern das Ergebnis eines bewussten »Wert«-Schöpfungsprozesses ist? Und wie provoziert man den Moment einer Nanosekunde, in welcher der zunächst »unfassbare« Wert einer Idee begreifbar wird?

Um dies herauszuarbeiten, hat IdeaManagement die 100 Besten von weltweit 7000 Kreativen aus über 50 Ländern identifiziert und in Tiefeninterviews analysiert, wie sie es wiederholt schaffen, eine außergewöhnliche Idee zu entwickeln. Die hierbei gewonnenen Prinzipien sind nicht nur verblüffend und geradezu plausibel, sie sind auch ausgesprochen wirksam.

Sie basieren auf folgenden Grundannahmen: Die Idee wird in professionellen Kreisen auch als das kreative Produkt eines Unternehmens bezeichnet. Dies erlaubt, einen denkbaren Produktionsprozess zu entwerfen und diesen zu optimieren. Dabei wird stets ein wertvolles Pro-

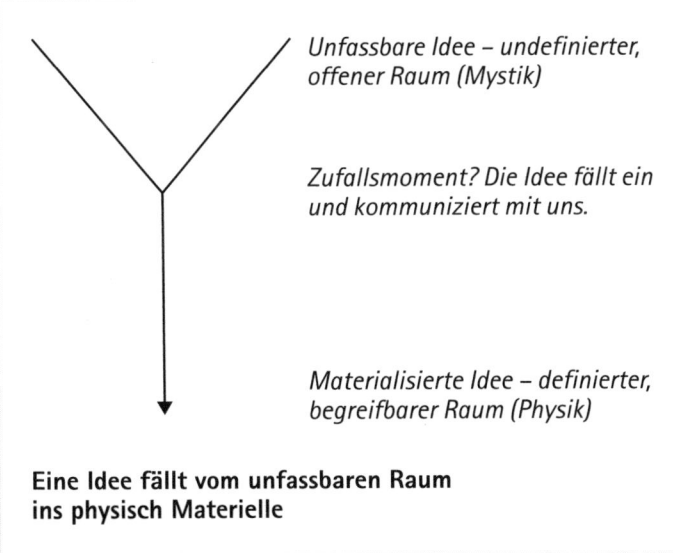

Unfassbare Idee – undefinierter, offener Raum (Mystik)

Zufallsmoment? Die Idee fällt ein und kommuniziert mit uns.

Materialisierte Idee – definierter, begreifbarer Raum (Physik)

Eine Idee fällt vom unfassbaren Raum ins physisch Materielle

dukt frei von Fehlern angestrebt, das nützlich ist, also einen hohen Marktwert besitzt. Daraus folgt: Die Annahme eines Produktionsprozesses erlaubt die Übertragung von Qualitätssicherungsprinzipien auf den bewussten, aber auch unbewussten Teil des kreativen Prozesses. »Input bestimmt Output« kann als Grundsatz auch auf nicht beobachtbare Momente im kreativen Prozess und auf den Einfall selbst übertragen werden.

Da eine Idee vor ihrer physischen Manifestation kein Gewicht hat und vor dem Einfall noch unsichtbar ist, können vorbereitende Momente die Idee verbessern oder verschlechtern, ohne dass es beobachtbar wäre, da diese »Arbeitsphasen« sich der menschlichen Wahrnehmung entziehen. Das Ziel muss deshalb sein, eine Arbeitsweise zu entwickeln, mit der eine Idee effektiver gemanagt werden kann, und eine »Fertigung« zu perfektionieren, deren Produkt noch nicht sichtbar ist.

Auch ein Problem ist eine Idee

Um zu verstehen, wie eine Idee ihre Kraft schöpft, muss man in der Lage sein, jede Art der weltlichen Manifestation als Form zu begreifen. Vom ersten Gedanken bis zur fertigen Umsetzung der Idee. Denn immer dann, wenn wir eine »Form« nicht mögen oder für gut genug befinden, sprechen wir von einem Problem. Jedes Problem ist ein kreatives Produkt wie die Idee selbst.

Während die Idee am Anfang eines Prozesses sehr unkonkret und unsichtbar ist, sind die Auswirkungen von Problemen von Anfang an spür-, sicht-, hör- und damit durchaus wahrnehmbar.

Bei einem Problem handelt es sich praktisch um eine Idee in einem festen und statischen Zustand, bei dem die Energie aus dem Fluss gekommen ist. Eine Idee hingegen nehmen wir eher als schnellen und leichten Impuls wahr, den wir als »fester und träger« Mensch nur schwer in seinem Ursprungszustand managen können.

Wer nützliche und problemlösende Ideen hervorbringen will, muss sich folglich beiden Zuständen einer Idee professionell und mit gleicher

Hingabe widmen können: dem handfesten Problem und der sphärischen Lösung. Und da die Lösung bekanntlich im Problem steckt, muss man die Lösung aus dem Problem herausschälen und die im Problem »eingeschlossene Energie« zielgerichtet und effektiv leiten.

Wie gestaltet man einen Ideen-Lösungsprozess?

Wo wirtschaftlich wertvolle Ideen und Problemlösungen unter Zeitdruck entstehen, reichen herkömmliche Kreativitätstechniken nicht mehr aus. Sie sind schlicht und einfach überfordert, Probleme »wertschätzend« zu interpretieren. Dieses Manko kann nur durch einen Prozess überwunden werden, der gleichermaßen für die Neuausformung von Ideen wie für die Gestaltung von Problemen geeignet ist. Nur wenn wir wissen, wie wir ein sehr gutes Problem schaffen können, können wir auch eine sehr gute Lösung finden. Dabei hilft ein kreativer Wertschöpfungsprozess, der sich nicht um Kreativität kümmert, sondern das Managen der Idee in ihren verschiedenen Dichtestufen in sein Zentrum stellt.

Im klassischen Produktionsprozess spricht man hier von der »Fertigungstiefe«. Die Herausforderung besteht darin, eine Idee im Produktionsprozess so fest und dicht wie nötig zu formen, sie aber offen und frei genug zu lassen, dass sie leicht fließen kann und andere Menschen sich mit ihr verbinden können. Dazu muss man wissen:

Die Energie einer Idee verändert ihre materielle Dichte im Laufe ihrer Entstehung vom ersten flüchtigen Einfall bis zur fertigen, festen Umsetzung. Beim Management dieser Dichte sollte die Idee in jeder Arbeitsphase angemessen und wirtschaftlich sinnvoll gesteuert werden, um ihren Manifestationsprozess neu zu fokussieren oder gar zu korrigieren.

Das zu oberflächliche Leiten dieser Energie wie auch das zu frühe Verdichten einer Idee verhindern den kreativen Flow und machen das Arbeiten mit Ideen für viele unkontrollierbar oder gar anstrengend. Denn es bedarf in diesem Prozess gegensätzlicher menschlicher Fähigkeiten. Man muss praktisch oberflächlich-intensiv und diszipliniert-spielerisch bleiben.

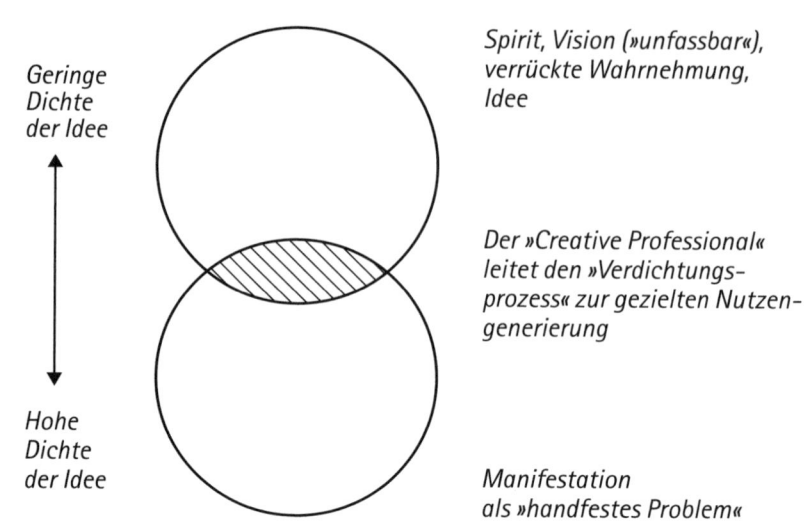

Geringe
Dichte
der Idee

Hohe
Dichte
der Idee

Spirit, Vision (»unfassbar«),
verrückte Wahrnehmung,
Idee

Der »Creative Professional«
leitet den »Verdichtungs-
prozess« zur gezielten Nutzen-
generierung

Manifestation
als »handfestes Problem«

Energie geht nicht verloren, sie ändert nur ihre Form

Hierzu müssen Sie oberflächlich genug sein, um möglichst schnell viele Aspekte einer Situation zu erfassen – ähnlich einem Stand-up-Comedian oder einem Schauspieler im Improvisationstheater, der dem ersten Impuls folgt. Und gleichzeitig brauchen Sie die Fähigkeit, in die Tiefe zu gehen und mit Ihren handwerklichen Fähigkeiten diesen Moment zu manifestieren. Nicht in allzu großer Fertigungstiefe, aber eben doch ausreichend genug, um die normbrechende Kraft einer Idee für andere wahrnehmbar zu machen. Ähnlich einem Witz, der ein Bild einer Situation zeichnet und unabhängig von demjenigen, der ihn erzählt, stark genug ist, um den Effekt der Überraschung mit dem Nutzen der Unterhaltung zu erzeugen.

Die Gegensätzlichkeit der schnellen Vertiefung von Inhalten und Impulsen, ohne sich von ihnen gefangen nehmen zu lassen oder von der Idee »besetzt« zu werden, ist für viele Menschen eine große Herausforderung. Deshalb bedarf es eines ganzheitlichen und transparenten Prozessansatzes, der die notwendigen Instruktionen für jede einzelne Arbeitsphase gibt. Doch nur wenn eine Idee in der richtigen Dichte durch den

Ralf Langwost

kreativen Prozess geführt wird, kann »Festes« ins Fließen kommen. Und nur dort, wo das an sich Aberwitzige und Lächerliche sich ausbreiten darf, kann es sich weiterentwickeln.

Die meisten großartigen Ideen waren am Anfang nicht in ihrer Bestform. Sie waren vielleicht sogar »schwach-sinnig«, haben aber den Raum erhalten, sich anders zu formen, um schließlich ihre Bestform zu finden. Hier stellt sich die Frage: Sind Ihre Prozesse sowie Ihre Unternehmens-, Meeting- und Teamkultur darauf ausgerichtet, Schwachsinn zu fördern? Wahrscheinlich nicht, denn die größte Zeit verwenden wir darauf, das Bestehende zu erhalten – und das ist auch gut so. Nur bei der Entwicklung von Ideen hilft uns dies nicht weiter, denn Durchbruchsinnovationen folgen keiner linearen, sondern einer sprunghaft, exponentiellen Entwicklung.

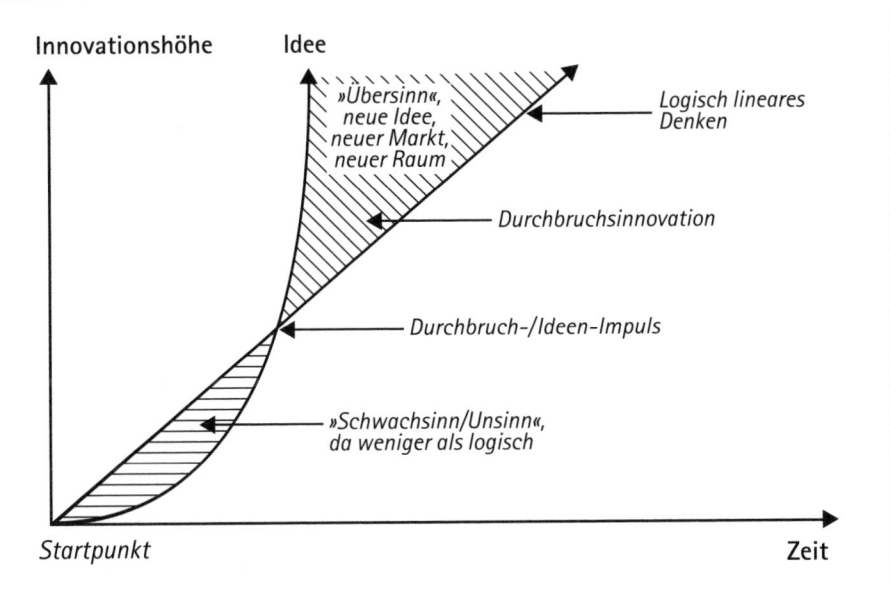

Neuer Sinn bildet sich, wenn man den Mut hat, die Logik zu unterschreiten, »schwachen Sinn« ernst zu nehmen. Dann kann es zu einem Sprung kommen, da das menschliche Gehirn sich in einem chaotischen Raum sehr unwohl fühlt und deshalb nach Struktur sucht, um mit allen Mitteln »Starksinn« herzustellen. Finden wir eine solche sinnvolle

Struktur, wird das Unsinnige über das logische Denken hinaus ins Sinn-volle und oft darüber hinaus gezogen, wodurch sich ein neuer Raum öffnet und eine Art »Übersinn« entsteht, aus dem sich ein ganzer Markt entwickeln kann. Interessant dabei ist, dass beide Abläufe, das Logisch-Richtige sowie die Durchbruchsinnovation, denselben »Startpunkt« haben.

Ein qualitätssichernder Kreativprozess muss deshalb schon vor dem Einfall der Idee die optimalen Rahmenbedingungen schaffen, um diesen Durchbruchsimpuls zu ermöglichen. Dies wird in den erfolgreichsten Entwicklungsabteilungen der Creative Economy bewusst oder unbewusst getan. Durch freie Arbeitszeitregeln, eine ideenorientierte Unterneh-menskultur und präzise Kreativprozesse wird alles darangesetzt, um für die noch unsichtbare Idee die bestmögliche Basis zu schaffen und dafür zu sorgen, dass die Idee nicht schon vor dem eigentlichen Einfall ver-loren geht – zum Beispiel durch eine fehlende oder ungenaue Aufgaben-stellung.

Dort, wo die Aufgaben und kreativen Produkte vor allem mit »Auf-geben und Loslassen« zu tun haben, bedarf es eines Prozesses, der das Loslassen verschiedener Dichtestufen kontrolliert ermöglicht. Und genau dies ist der Fokus von Qualitätssicherung im kreativen Prozess. Und wie bei jedem Qualitätsmanagement trägt auch im top-kreativen Prozess jeder Arbeitsschritt und jede Abteilung, die an der Entwicklung der Idee beteiligt ist, mit ihrer Leistung zum kreativen Gesamtprodukt bei.

Sollte eine vorher arbeitende Abteilung nur 80 Prozent an Qualität leisten, kann die nächstfolgende Abteilung nur auf diesen 80 Prozent aufbauen. Ganz gleich, was sie als Produkt erzeugt, sie kann niemals mehr die fehlenden 20 Prozent aufholen. Ähnlich einem Einkäufer, der schlechtes Material erwirbt, kann auch die fehlende Problembeschrei-bung durch die beste Idee nicht mehr wettgemacht werden.

Garbage in – Garbage out

Erfolgt dieser Verlust von 20 Prozent gar mehrmals im Prozess, kann bereits nach drei Arbeitsschritten die Qualität des kreativen Produkts von 100 auf fast die Hälfte geschrumpft sein (80 von 80 von 80 Prozent = 51,2 Prozent), ohne dass es unmittelbar bemerkbar wäre, denn die Idee ist ja noch in weiter Ferne. Man spürt bestenfalls die Konsequenzen, weil das Projekt nicht mehr schnell vorangeht, man unsicher wird und einem das »Bauchgefühl« sagt, dass hier etwas falsch läuft. Denn selbst dann, wenn man eine gute Idee hat, wird man sie nicht erkennen, geschweige denn bewerten können, da einem hierzu die präzise Aufgabenstellung fehlt, um den Nutzen der Idee sicher zu beurteilen.

Wir fassen zusammen:

Wurde die Aufgabenstellung zu offen gestellt,
die Problemanalyse zu oberflächlich durchgeführt, dann ist
das Kernproblem jetzt sicher nicht inspirierend formuliert,
und die Aufgabe macht keinen Spaß mehr,
weil die Energie des Problems verschwindet.

Der Verlust der Qualität einer Idee geschieht weit vor dem eigentlichen kreativen Spinnen. Das ist der Grund dafür, warum Teams blockieren, sich schwertun und viel Zeit zur Ideenfindung benötigen, um einen Moment geschehen zu lassen, der sich in wenigen Sekunden abspielt. Es sind die klassischen Symptome eines schlechten Prozesses – 80 Prozent Qualität sind einfach nicht gut genug, um Außergewöhnliches zu erreichen. Dies wusste schon Thomas Alva Edison, dessen berühmtes Zitat aus dem Jahre 1932 lautet:

»Genie ist ein Prozent Inspiration und
99 Prozent Transpiration.«

Es verdeutlicht, dass der überwiegende Anteil der im kreativen Prozess verbrachten Zeit nicht dem Einfall, sondern der Vor- und Nachbereitung des kreativen Moments geschuldet ist. Denn mit diesen 99 Prozent des Arbeitsprozesses fallen 100 Prozent der Kosten an, die eine immer größere Rolle spielen, denn die Idee selbst ist »gratis«! Es ist die Transpiration, welche die Basis zur Kalkulation einer kreativen Auftragsarbeit bildet. Der eigentliche Mehrwert einer großartigen Idee entsteht in Bruchteilen einer Sekunde.

Deshalb gibt es auch niemals ein Zeitproblem in Bezug auf den sogenannten Einfall, denn eine Nanosekunde für eine Idee hat man doch immer. Was also gestaltet die kreative Arbeit so anstrengend und unvorhersehbar? Haben wir vielleicht keine klare Idee vom kreativen Prozess? Tun wir Dinge, die überflüssig oder sinnlos sind? Arbeiten wir etwa sehr hart, aber an der falschen Stelle? Ähnlich einem Menschen, der versucht, circa einen Meter neben der Tür durch die Wand zu gehen? Es scheint so, denn womit will man sich beschäftigen, wenn man glaubt, dass Ideen reiner

> »It's a nanosecond,
> it just popped into my head.«
> Rob Kitchen

Zufall sind. Diese Annahme ist eine gute Entschuldigung. Doch wer als Profi Ideen managt, sollte die Energie von Ideen auch professionell lenken und halten können, denn überall, wo Energie gewonnen werden kann, kann sie auch verloren gehen.

Wie man kreative Spitzenleistungen erreicht

Der Aufbau und das Leiten dieser Energie vom ersten Auftrag bis zur Manifestation einer großartigen Lösung sind daher nicht zufällig, sondern unterliegen zu 99 Prozent klaren Regeln und Prinzipien, mit denen wiederholt kreative Spitzenleistungen erzielt werden können. Sie können im Wesentlichen durch die folgenden 15 Schlüsselfaktoren zusammengefasst werden, die in jedem Unternehmen zum Tragen kommen und durch Training gezielt verbessert werden können.

1. Die ideenorientierte Unternehmensvision, die der großartigen Idee Vorrang gegenüber anderen Unternehmenszielen gibt und so eine kreative Arbeitskultur entstehen lässt.

Ralf Langwost

2. Der mutige und kreativ verantwortliche Auftraggeber, der großartige Ideen mit allem Nachdruck fordert und fördert und nicht nur offen dafür ist.

3. Die faszinierende Aufgabenstellung oder der Auftrag, der das Kernproblem des Kunden so formuliert, dass sich eine inspirierende und spannende Perspektive auf die Aufgabe, auf eine neue Idee ergibt.

4. Die überraschende und inspirierende Erkenntnis, die tiefere Einsichten in Zusammenhänge zwischen Produkt, Zielgruppe, Wettbewerb und Marke vermittelt und so die Problemlösung mit dem wahren Leben verbindet.

5. Die relevante und überzeugende Strategie, die der Idee eine Richtung gibt und anhand derer später beurteilt werden kann, ob die Idee richtig ist und funktioniert.

6. Der inspirierende Creative Brief, der das Innovationsteam mit einem klaren Nutzen gleichermaßen fokussiert wie begeistert und die Kernaufgabe in eine spannende Frage übersetzt.

7. Die spielerische, entspannte Ideenfindung, die zu einer überraschend einfachen »Antwort« führt, die einem vor allem außerhalb des gewohnten Arbeitsumfeldes »einfällt«.

8. Die professionelle Ideenbeschreibung, die ein klares Gefühl für die Idee vermittelt und mit Strategie, Leitidee, Idee und Umsetzung einen spannenden Rahmen schafft, der andere begeistert.

9. Die extrem harte Ideenbewertung, die sich brutal ehrlich und offen ausschließlich an der Beurteilung und dem Nutzen der Idee ausrichtet und anspornt, nach noch besseren Lösungen zu suchen.

10. Die überzeugende Ideenpräsentation, welche die Idee in den Mittelpunkt stellt und mit Leichtigkeit und ansteckender Überzeugung eine Lösung aufzeigt, von der man selbst aufrichtig begeistert ist.

11. Der prozessorientierte Ideenschutz, der mit dem Glauben an die großartige Idee schon weit vor dem eigentlichen Einfall das kreative Produkt in den Mittelpunkt unternehmerischen Handelns stellt.

12. Die sensible und begeisterte Produktion der Idee mit anspruchsvollen Produktionspartnern, die mit ihrer Professionalität die Lösung auf ein noch höheres Energielevel führen und sie dort manifestieren.

13. Das Aufstellen herausragender Teams, deren Mitglieder einander durch unterschiedliche Perspektiven inspirieren und eine Teamkultur schaffen, in der auch anfänglich »schwachsinnige« Ideen ihren Sinn entwickeln können.

14. Das inspirierende räumliche Umfeld, in dem unsere Fähigkeiten im Management von Ideen unterstützt werden und in dem wir uns wohl und sicher genug fühlen, um auch das Unbekannte willkommen zu heißen.

15. Die persönliche kreative Führungsstärke, die hilft, das eigene Ego und die damit verbundenen Wahrnehmungsgrenzen und Ängste zu überwinden, um sich mutig, liebe- und vertrauensvoll für neue Lösungen zu öffnen.

So gesehen sind sehr gute Ideen niemals Zufall, sondern immer das Ergebnis eines kreativen Prozesses, den Sie für sich, Ihr Team und Ihr Unternehmen bewusst erschließen können. Und je professioneller Sie sich im Management Ihrer Ideen verhalten, desto mehr werden Sie eine spielerische Leichtigkeit genießen, mit der Ihnen Ideen dann künftig zufallen. Denn:

Großartige Ideen sind kein Zufall,
sondern das Ergebnis eines großartigen Prozesses.

Jahrelange Forschung, die Zusammenarbeit mit Spezialisten und zahlreiche Trainings in über 30 Ländern haben gezeigt, dass jeder Mensch seine Ideen noch bewusster und verantwortungsvoller managen kann, denn bisher vernachlässigte Arbeitsphasen leisten einen wichtigen Beitrag im Wertschöpfungsprozess, wie zum Beispiel die Ideenbeschreibung, die in keinem Kreativbuch gelehrt wird, aber eine wichtige Rolle in der nächsten Arbeitsphase spielt. Denn wie soll man eine Idee bewerten, wenn man sie nicht korrekt beschreiben kann und sich der Bedeutung der dazu notwendigen Worte nicht bewusst ist?

Mit der Übertragung des Prinzips »Input bestimmt Output« wird sehr schnell deutlich, dass viele Probleme im kreativen Wertschöpfungsprozess die Folge früherer Versäumnisse sind. So entstehen in Kreativ-meetings mitunter 2000 Ideen, von denen später nur drei im Markt er-folgreich sind. Nur Training kann den kreativen Flow sicherer machen und den Zufall reduzieren.

Die Einbeziehung weiterer Wertschöpfungsfaktoren, wie die Idee von einem Selbst und des Raums, führen zu weiteren Ergänzungen eines Ideenmodells, in dem das kreative Selbstbild ebenso eine Rolle spielt wie das Umfeld und das, was wir über Zeit, den physischen Raum oder die Idee selbst glauben.

Die Idee ist die höchste Form von Energie

Haben Sie sich schon einmal gefragt, was eine Idee ist, bevor sie Ihnen einfällt? Wenn Sie bereit sind, den Einfall einer Idee einmal aus einer anderen Perspektive zu betrachten, dann werden Sie erkennen, dass wir Ideen als Energie wahrnehmen können. Die Symbole für die Idee, wie Blitz und Glühbirne, aber auch die subjektive Wahrnehmung im Mo-ment des Einfalls legen diese Definition der Idee nahe.

Nach welchen Prinzipien lässt sich eine solche Energie steuern oder erzeugen? Können Sie den Einfall dieser Energie in Ihrem Körper spü-ren, sie durch einen komplexen Produktionsprozess führen, sie schützen und dauerhaft manifestieren? Dazu müssten Sie den Einfall einer Idee mit einem sehr konkreten Gefühl verbinden. Übrigens einem Gefühl, das nicht, wie viele glauben, im Kopf, sondern im ganzen Körper statt-findet. Was also passiert bei Ihnen, wenn Ihnen eine wirklich große Idee einfällt?

1. Spüren Sie die Aufregung im Magen, die Energie, das Wow-Gefühl?
2. Haben Sie Kribbeln oder Herzklopfen vor Freude?
3. Sehen Sie Licht und die Dinge klar, wie sie zusammengehören?
4. Rauscht es Ihnen in den Ohren, hören Sie, wie es »Klick« macht?
5. Oder können Sie eine gute Idee schon von weitem riechen?

Seien Sie höchst aufmerksam, denn eine Idee reist quasi mit Licht-geschwindigkeit und manifestiert sich je nach persönlicher Konstitution in verschiedenen Wahrnehmungskanälen. Innerhalb einer Nanosekunde fällt sie ein und löst in Ihnen einen Energieschub aus, wenn sie von einer leichteren Ebene in die nächstfestere fällt. Sind Ihre »inneren« Produktionsprozesse auf dieses Momentum, auf diese Lichtgeschwindigkeit eingestellt? Können Sie einen dermaßen schnellen Impuls speichern und bearbeiten – persönlich, im Team oder in Ihrem Unternehmen?

Sehr gut trainierte Kreative können dies. Sie sind es gewohnt, diese Energie besser zu halten und effektiver zu leiten als andere Menschen.

> *»The muse of ideas exist, but they have to find you working.«*
> Xavi Garcias

Doch reicht es ihnen nicht, lediglich eine Idee zu haben. Sie sehen jeden Einfall ganz praktisch – ähnlich einem Investment, das sich auszahlen muss. Für sie muss die Idee vor allem funktionieren und einen Nutzen liefern. Sie muss etwas verkaufen, hart arbeiten. Wie aber kommt man in Kontakt mit einer hart arbeitenden Idee, wenn sie in einer Nanosekunde auftaucht und ebenso schnell wieder verschwindet?

Die Basis hierzu legte bereits Platon, der die Ideenlehre zu einem Kernelement seiner Philosophie machte. Darin fordert er, dass die Welt, wie sie der Mensch sinnlich wahrnimmt, einem eigenständig existierenden Reich der Ideen nachgeordnet ist. Dies gilt für jede weltliche Interpretation. So ist die Idee der Gerechtigkeit frei von den ungerechten Aspekten, die jeder ihrer Manifestationen in der physischen Welt anhaften, und alle Objekte, die der Mensch wahrnimmt, verdanken ihr Sein dem objektiven Sein der jeweiligen Idee auf einer höheren Ebene – unabhängig vom weltlich wahrnehmbaren Objekt.

Diese Entsprechung finden wir auf der Ebene der Konzeption, wenn wir einer Leitidee folgen und deren höhere Energie nutzen, um eine andere, bessere, nützliche Interpretation und Form einer Kernidee umzusetzen.

1. Höherer Sinn;
2. Leitidee;
3. Kernidee;
4. Umsetzung.

Kreativ erfolgreiche Unternehmen und kreative Menschen hören deshalb niemals auf, das Bestmögliche in ihrer Realität zu suchen, nach den Sternen zu greifen und das Bestehende zum Nutzen anderer und sinnvollerer Lösungen in Frage zu stellen. Für sie sind großartige Ideen das Ergebnis unermüdlicher Anstrengungen, die überraschend nützliche Formen mit höherem Nutzen und damit einer höheren Energie für den Menschen hervorbringen. Sie sind das Ergebnis eines großartigen, faszinierenden Wertschöpfungsprozesses, der sich an der Vermehrung von Nutzen orientiert und dabei die physikalische Tatsache nutzt, dass Energie sich verbinden und manifestieren möchte.

So hat die Porsche AG in den 1980er Jahren als erste Firma ganzheitlich und konsequent die Prinzipien des Quality Management von den Japanern übernommen – zur Erhöhung des Nutzens und des Sinns der eigenen Existenz.

Doch es gibt viele Unternehmen, die ähnliche kreative Leistungen erbracht haben. Swatch mit der Schweizer Uhr, die mit der Mode geht; Swarowski, die Glas zu einem diamantähnlichen Wert schleifen; Amazon, die den Buchhandel revolutioniert haben, oder die Star Alliance der Lufthansa, die weltweit Fluglinien zum Nutzen aller Beteiligten vernetzt. Allen gemeinsam ist, dass sie den Wert ihrer Produkte und Marken zum Nutzen des Verbrauchers steigern. Diesen Nutzen zu entwickeln ist die herausragende Aufgabe aller Industrien, und zu Beginn ist dieser Nutzen nichts weiter als eine Idee. Dies galt für das Model T von Ford wie für die Aufgabe, die sich Bill Gates mit der Vision gestellt hat, jedem Menschen einen Computer zugänglich zu machen.

Es geht folglich darum, den Stoff der Idee, des kreativen Gedankenkonstrukts in ein konkretes und Nutzen bringendes Produkt oder einen ebensolchen Service zu überführen und bei diesem Prozess vom »feinstofflichen ersten Gedanken« in eine dauerhafte nutzbringende, »feststoffliche Lösung« möglichst wenig Energie zu verlieren. Dazu braucht es Mut und Wissen. Mut, um neue Wege zu gehen, Wissen, um Umwege zu vermeiden.

Zielgerichtete Kreativität ist das Schaffen von Nutzen, der überrascht

Während die meisten zustimmen werden, dass erfolgreiche Produkte und Dienstleistungen Nutzen schaffen müssen, tun sich viele schwer, den Überraschungswert einer Idee zu fördern. Erst der Überraschungswert, das »AHA« einer Idee, bringt das Unerwartete, aber damit eben auch das Unkontrollierbare einer Idee und deren Energie zum Tragen. Dieser Überraschungswert ist eine Produktkomponente der Idee, die viel zu selten eingefordert wird. Es ist dieser Überraschungswert, der die einfache Idee von der konventionellen Idee unterscheidet und Mut erfordert. Mut, etwas Bekanntes, Funktionierendes für etwas Besseres aufzugeben, Mut, etwas anders als die anderen zu machen, Mut, als Außenseiter, Querulant, Superoptimist oder einfach als Spinner dazustehen, wenn es nicht gleich beim ersten Mal funktioniert. Denn in einem Markt, in dem alle das Gleiche tun, erzeugt eine herkömmliche Idee keine zusätzliche Energie.

Eine einfache Produktverbesserung ist sicherlich nützlich – aber sie ist linear! Eine wirklich überraschende Idee nutzt bestehendes Wissen eher als Absprungbasis und fügt eine überraschend neue und ebenso relevante Komponente hinzu. Dabei orientiert sie sich an deutlich höheren Werten als der Rest der Branche.

So entsteht Wertschöpfung, weil Wert auf einer höheren Wunschebene geschaffen wird. Das Geheimnis sehr erfolgreicher Innovation besteht folglich darin, dass sie einen exponentiellen Quantensprung der Wertschöpfung möglichst für viele Menschen erlebbar macht.

Es ist die nichtlineare Fortsetzung einer Logik und der ganz bewusste Bruch eines bestehenden Systems, der den meisten Menschen eher zufällig gelingt, da sie nicht wissen, wie sie mit Absicht und ganz bewusst ein überraschendes Ergebnis schaffen sollen. Das liegt daran, dass unser Denken eher logisch und analytisch orientiert ist und lineare Ergebnisse dem Gedanken- oder Quantensprung vorzieht.

So haben sich laut Henry Ford die Menschen eher schnellere Pferde als ein Automobil gewünscht. Ein Automobil war für sie einfach nicht vorstellbar.

Zurzeit können nur sehr wenige Unternehmen bewusst und gezielt diesen überraschenden Nutzen schaffen – und die meisten von ihnen schon gar nicht unter Zeitdruck. Zu gering war der Nutzen der New Economy, wobei das Wort schon sagt, dass es sich um etwas »Neues«, nicht etwa um etwas Nützliches handelte.

Amazon zum Beispiel, wo man Bücher nach Hause geliefert bekommt und sie bei Missfallen einfach zurückschicken kann. Ebay, durch die man endlich Keller und Dachboden leer bekommt und dabei auch noch Geld verdient. Und Google, das uns hilft, in diesem ganzen Chaos im Internet auch das zu finden, was uns wirklich interessiert.

Alle diese Unternehmen bieten als Teil der Creative Economy von Anfang an einen hochrelevanten Nutzen. Es sind Unternehmen, die mit dem festen Entschluss angetreten sind, die Welt zu verbessern und uns zu überraschen. Das macht sie zu wertvollen Marken, die uns als Orientierung in einem vielfach übersättigten Markt dienen.

Trainieren Sie Ihre Wahrnehmung für Ideen

Auch wenn Ideen zu Beginn ihres Entstehungsprozesses nicht sichtbar sind, können sie doch als Chance wahrgenommen werden. Im letzten Meeting war es vielleicht nur ein kleiner unscheinbarer Impuls und eine witzige Randbemerkung, über die andere gelacht haben. Aber genau diesem Lachen beziehungsweise der darin innewohnenden Energie könnten Sie sich annehmen und sie als neue Form manifestieren. Wird es ein Produkt, ein Service, ein neuer Witz? Das ist eigentlich egal, denn Sie haben den Impuls wahrgenommen. Und je nachdem, wie gut Ihre Wahrnehmung trainiert ist, sind Sie mit dieser Energie in Kontakt.

Mit dem Unglaublichen, weil nicht Wahrnehmbaren, können Sie ungeahnte Chancen erschließen und aus ihnen Neues schaffen. Hilfreich dabei ist zu erkennen, dass die Idee unabhängig von unserer Fähigkeit, sie wahrzunehmen, existiert. Wie Radioaktivität oder Luft. Die Dichte von Atomen und die Existenz von Molekülen sind Fakten, ohne dass wir sie einzeln berühren können. Und ganz generell bekommen wir nur einen sehr geringen Teil der Realität mit.

Oder wissen Sie, wie oft Ihr Herz in der letzten Minute geschlagen hat, wo es in Ihrer Hirnregion gerade am wärmsten ist und welche Bakterien sich gerade auf Ihrer Zunge befinden? Nicht nötig, sagen Sie? Stimmt, es sei denn, Sie möchten eine Idee entwickeln, für die Sie exakt dieses Wissen benötigen. Zum Beispiel, um eine Tablette zu entwerfen, mit der Sie die Ideenfindung körperlich unterstützen können. Dann müssten Sie sich damit beschäftigen und hineinzoomen in einen Kosmos, den Sie bisher nicht kannten.

Die Kunst eines guten kreativen Prozesses oder einer solchen Moderation besteht deshalb darin, eine oberflächliche Wahrnehmung mit der Fähigkeit tieferen Nachforschens zu verbinden. Ob und wie Sie Ideen bewusst managen, hängt deshalb von Ihrer Sensibilität ab. Und je sensibler, nutzenorientierter und übergreifender Ihr Denken ist, desto weniger werden Sie die Idee dem Zufall zuschreiben.

Machen erfolgreiche Unternehmen der Kreativindustrie etwas anders? Ganz sicher! Sie erlauben es sich nicht, dass ihre Ideen Zufall sind, sondern sie suchen ständig nach Möglichkeiten, besser zu werden und aus fehlendem Nutzen und Problemen neue Werte zu schöpfen. Dazu nehmen sie Chancen wahr, die andere übersehen.

8

Die große Anstrengung
oder Wie die Ideenwirtschaft
mit der Planung zurechtkommt

Wer meint, die Kreativwirtschaft sei eine gemütliche Sesselwirtschaft, irrt. Die Anforderungen an den Intellekt werden sprunghaft steigen. Wir haben aber kaum vernünftige Bewertungsmethoden dafür. Noch immer honorieren wir nach den Standards und Normen der vergangenen Jahrhunderte. Wer lange arbeitet, bekommt mehr als einer, der nur kurz arbeitet. Ist das richtig? Nun, es entspricht unserer Vorstellung von industrieller Zeitarbeit. Es stimmt. Aber es ist nicht richtig, und wir wissen das auch.

Einzig richtig ist die Honorierung in Resultaten, in Leistung, und das war noch nie anders. Erst mit der großen industriellen Organisation lässt sich die einzelne Leistung mechanisch so definieren, dass sie im Grunde in ein Amalgam aus Zeit, Arbeit und Ergebnis übergeht. Es wird normiert, weil alles, was normierbar ist, leichter berechnet werden kann.

Der Industriekapitalismus ist eine Gesellschaft der Risikominimierung. So viel Planungssicherheit wie möglich – das ist sein wichtigster Wert. Es ist übrigens eine feine Ironie, dass die konventionellen Kritiker des Kapitalismus bis heute genau diese Planungssicherheit in Form von Versorgungssicherheit fordern. Sie sind Kinder des Geistes, den sie bekämpfen – und deshalb sind die Versuche, das System zu ändern, auch so kläglich gescheitert. Der durchschnittliche »linke« wie »rechte« Kapitalismuskritiker scheitert nämlich daran, dass er genau das fordert und noch weiter antreibt, was ihn vermeintlich ganz schrecklich stört: ein sicheres und methodisches Planungsregime.

»Leistung zählt« ist keine »neoliberale« Attitüde, sondern ein Gebot der Fairness, die in der Ideenwirtschaft eine große Rolle spielt. Der Urheber soll nicht mehr einfach nur ein Teilchen der Ertragskette bilden, sondern im Mittelpunkt stehen. Wer was kann, hat einen Namen. Und der steht ihm auch zu. Genauso muss aber auch der Rest akzeptiert werden, der notwendige Rahmen, in dem Ideen geschaffen werden. Mal schnell, mal langsam. Mal bedeutet Kreativität spontaner Einfall, mal erst allmählich wachsende Idee. Beides ist im gegenwärtigen ökonomischen Planungsregime denkbar unpraktisch.

Jemand, der in fünf Minuten eine brillante Idee hatte, wird in der neuen Welt der Kreativwirtschaft reich belohnt. Schuften und rackern allein genügt nicht mehr, das sind – fragwürdige – Privilegien der alten Industriewelt. Ideen erhalten Werte. Im Grunde genommen kennen wir das schon länger. Ein Komponist wie Paul McCartney schreibt eine Melodie, die im Laufe der Jahre zig Millionen Dollar an Tantiemen abwirft, in wenigen Stunden. Mit industriellen Maßstäben der Entlohnung und Honorierung ist das wohl kaum zu erklären. Die Komponisten haben vielfältige Gesellschaft bekommen: Web-Intrapreneure wie die Google-Gründer oder zuvor schon Innovatoren wie Bill Gates oder Steve Jobs. Entwickler, die mit einem vergleichsweise bescheidenen Einsatz bedeutende Veränderungen und Problemlösungen erreicht haben. Derart geht es weiter – das Zeit-Raum-Kontinuum der Industriegesellschaft löst sich auf – und sorgt für enorme Ängste und Spannungen.

Der größte Teil der kreativen Wirtschaft wird sich mit Detaillösungen beschäftigen, Dingen und Prozessen also, die beispielsweise Autoren, Architekten, Ingenieuren sehr vertraut sind. Sie legen keine standardisierten Lösungen vor, sondern entwickeln neue, oder sie kompilieren aus vorhandenen Ansätzen neue Produkte. Der Innovationsgrad ist dabei manchmal unübersehbar, zuweilen sind aber nur Details »neu«.

Ein Computer hat keinen bestimmten Verwendungszweck, er kann im Grunde zu jedem Zweck programmiert werden. Daraus ergibt sich eine ideale Komplexitätsabbau-Maschine, eine Art elektronischer Caterpillar, mit dem man den Steinbruch der Komplexität genau dort anbaggern kann, wo man es für richtig hält. Die zweite und wesentliche Urknallerfindung ist das Internet, in dem die Resultate und Zwischenergebnisse – vor allem diese – des Arbeits- und Abstraktionsprozesses zugänglich gemacht, man könnte auch sagen vermarktet werden. Wir wissen, wie schwer es mancherorts war, den Sinn des Internets zu definieren, denn es handelt sich im Grunde genommen um ein »unbegreifbares« Medium. Es produziert nichts Gegenständliches. Aber wir wissen heute natürlich auch, dass die von Unternehmen wie Ebay, Google, Amazon und vielen anderen im Web generierten Ideen die Auslöser für eine – nachgelagerte – enorme Werkbank sind, eine Handelsplattform, ein Vertriebssystem.

Die Priorität liegt aber auf der guten Idee, der kreativen Leistung, die auf dem Marktplatz Internet geschaffen wird. Hier, am Ausgangspunkt des Interesses und der Aufmerksamkeit, läuft alles zusammen, von hier geht alles aus. Tatsächlich, so haben wir gelernt, spielt es keine Rolle, ob Dienstleistungen, Produkte und Güter elektronisch und virtuell oder »begreifbar« in Läden angeboten werden. Zunehmend begreift unser Bewusstsein auch die Contents des Internets. (Das wird nicht von heute auf morgen gehen, aber die Entwicklung ist eindeutig.)

> *Die Ideenwirtschaft generiert beides:*
> *Dinge zum Anfassen und Dinge zum Weiterdenken.*
> *Das unterscheidet sie fundamental von bisherigen Methoden*
> *und Prozessen. Die Ideenwirtschaft ist eine umfassende,*
> *ganzheitliche, vielfältige Wirtschaft. Sie erweitert über*
> *Netzwerke ihren Spielraum und sichert persönlichere,*
> *individuellere Lösungen. Im Vordergrund steht dabei*
> *die schöpferische, innovative Leistung.*

Das klingt banal, ist aber, wie sich zeigen wird, ein ausgewachsenes Problem des menschlichen Geistes, der im Widerspruch zum haptischen Bedürfnis des Homo sapiens steht. Begreifen heißt auch, die Dinge, die man hat und die man haben könnte, berühren. Erst dann sind sie in unserer Welt. Alles andere, so haben wir gelernt, ist ein Traum, eine Illusion. Oder aber eben nicht. Denn was im Kopf vorstellbar ist, ist auch, das hat die Kulturgeschichte des Menschen eindeutig und eindrucksvoll bewiesen, in der »wirklichen Welt« machbar.

Wir haben uns zu lange daran gewöhnt, dass das, womit Menschen handeln, was sie produzieren, handfest sein muss. Man muss es anfassen können. Spüren. Sehen. Und das wird nun ein bisschen schwieriger.

Hier liegen die großen Bruchstellen zwischen alter und neuer Wirtschaft. Die »alten« Planungsregime brauchen die »neuen« Kreativen, weil sie sonst nichts mehr zu verkaufen haben. Aber der Widerspruch zwischen der Voraussetzung, dass »etwas funktionieren muss« (Industrieprinzip), und dem kreativen Prozess, der immer nur versuchen kann, ob eine Lösung passt, ist nicht aufgelöst. Das ist eine große Anstrengung, vor allem dort, wo es darum geht, in praktischen Projekten kreative Ansprüche und »planerische Notwendigkeit« zusammenzuführen. Ein ganz realistisches Szenario dafür hat Lutz Engelke entworfen.

Lutz Engelke

Im Erlebnispark des Kapitalismus: Über das Ballspielen mit dem All

Wir, die Vertreter eines bestimmten Teils der Kreativindustrie, haben den Auftrag angenommen, aus dem Kapitalismus einen Erlebnispark zu machen. Unser Arbeitsmaterial befindet sich im Kopf. Alles wild durcheinander. Erinnerung, Theorie, Kultur – Bilder, Zeichen und Töne. Das weiße Blatt Papier ist unser Schauplatz der Fantasie. Der digitale Datenraum unser Fluggerät. Doch ohne Denken und Fühlen entsteht kein Zeichen. Deshalb bleibe ich zunächst mal bei den Anfängen, beim Ursprünglichen – beim weißen Blatt Papier.

Das weiße Blatt Papier ist für die einen Drohung, für die anderen Hoffnung. Das weiße Blatt Papier verkörpert den Anfang, die Option, den unendlichen Möglichkeitssinn, es verbindet uns mit einer noch nicht gedachten Utopie. Da verfängt sich das erste Wort, der erste Ton. Mache ich den Strich links- oder rechtsherum. Wähle ich mit dem ersten Wort bereits das Thema, entscheide ich mit der ersten Note bereits über das Schicksal der Symphonie, oder wird das Haus für den Koch des Architekten rund oder eckig. Der Anfang ist eine Entscheidungsschlacht. Der Anfang zwingt das Innere zum Äußersten. Der Anfang ist nichts für Angsthasen.

»Denn der Anfang ist auch ein Gott. Solange er unter den Menschen weilt, rettet er alles.« (Platon) Er, der Anfang, rettet uns vor dem Gewohnten, dem ewig Alten, der Wiederholung. Anfangen! Aber wie? Und mit welchem Ziel?

Tod oder Weltmeister – Innovate or Die

Der französische Romancier Marcel Proust zum Beispiel entschied sich dafür, zunächst einmal einfach schlafen zu gehen und nicht zu denken, als er auf der »Suche nach der verlorenen Zeit« war: »Lange Zeit bin ich früh schlafen gegangen. Manchmal fielen mir die Augen, wenn kaum die Kerze ausgelöscht war, so schnell zu, dass ich keine Zeit mehr hatte zu denken: Jetzt schlafe ich ein.« Dann erzählt er uns, wie die Gedanken und Überlegungen ihre eigenen Wege gegangen sind, zwischen Vernunft, Vorvernunft und Unvernunft. Genau das ist die Drohung für die einen. Kontrollverlust. Sich treiben zu lassen. Plötzlich den inneren Flaneur zu spüren, Raum und Zeit zu verlieren und nicht zu wissen, wohin mit all den Gedanken und der Unordnung im Kopf. Zumachen. Aufhören. Stillstellen. Bloß nicht die Bilder zulassen, den großen und kleinen Wahnsinn.

Thomas Mann wusste zu Beginn seiner kleinen Novelle *Der Tod in Venedig* auch nicht so recht, wohin, deshalb ließ er Aschenbach zunächst einmal einen Spaziergang machen: »Gustav Aschenbach oder von Aschenbach, wie seit seinem fünfzigsten Geburtstag amtlich sein Name lautete, hatte an einem Frühlingsnachmittag des Jahres 19.., das unserem Kontinent monatelang eine so gefahrdrohende Miene zeigte, von seiner Wohnung in der Prinzregentenstraße zu München aus allein einen weiteren Spaziergang unternommen.« Aschenbach hatte das »Fortschwingen des produzierenden Triebwerkes in seinem Innern«, jenen »motus animi continuus«, nicht mehr gefunden, um die weißen Blätter weiter mit originellen Überlegungen zu füllen.

Thomas Mann lässt seine Figur Aschenbach daraufhin geradewegs in den Tod spazieren. Das weiße Blatt Papier ist für diesen Autor die Rettung. Es ist sein Überlebensformat, sein Kontrollformat, an der Sehnsucht nicht gänzlich zu verbrennen.

Proust dagegen legt sich die Kraft der Erinnerung quasi auf die Zunge, als er seine »Recherche« nach der verlorenen Zeit beginnt. Der Geschmack des Madeleine-Gebäcks als Katalysator, sich selbst in der Form des Romans zu erfinden. Dabei hat Proust längst begriffen, dass es beim Füllen der Seiten nicht um das Wegträumen aus einer Zeit geht, sondern

Lutz Engelke

um das Hinbewegen zu einer Form, einem neuen Format: die Erinnerung als Zugangsmaterial für einen Zukunftsentwurf, einen Jahrhundertroman.

Ein Träumer verändert die Welt

Ein drittes Beispiel, Sigmund Freud: Er hat im 20. Jahrhundert radikal eine unmittelbare Sichtschneise zu uns selbst geschlagen. Freud machte Ernst mit sich selbst, als sein Vater starb. Er verbrannte alle seine bis dahin geschriebenen Tagebücher und begann noch einmal von vorn. Da war er 42 Jahre alt. Auf seinem weißen Blatt Papier sollte sich nach und nach die Umschrift des psychischen Apparats abzeichnen. Seine besessene Selbstbeobachtung war die Matrize für die allgemeingültige Umschrift des Psychischen im 20. Jahrhundert. Freud erklärte sich gegen alle Widerstände zum Prototypen einer neuen Wahrnehmungswissenschaft.

Freuds Materialgrundlage war zu 100 Prozent immateriell. Erst die Schrift machte daraus etwas Substanzielles. Er hat sich im wahrsten Sinne des Wortes zunächst erträumt, um dann sein so gesichertes Material gnadenlos chirurgisch zu zerlegen und wie ein Bibliothekar völlig neu zu ordnen. Kein Bild blieb da bei seinem Sinn, kein Wort bei seinem Bild, so als gäbe es ein systematisches Babylon der Verwirrung zu ergründen, ein Rätsel als wegbegleitende Landkarte in uns. Und wir haben längst gelernt, dass das 20. Jahrhundert mit einer Kränkung begann: Das Ich war nicht mehr Herr im eigenen Haus.

Freud hat sich heute längst eingeschrieben in unseren Alltagstext. Das Ich, das Es und das Über-Ich sind existente Größen im Supermarkt der Ideen. Jedes neuronale Marketing baut auf dem simplen Dreiklang auf. Das Unbewusste lauert an jeder Ecke im Erlebnispark des Kapitalismus.

Dies und vieles mehr sind Bausteine für eine Ökonomie der Kreativität – für unsere tägliche Arbeit.

Sinn und Bedeutungsproduktion

Aber warum macht man das? Warum arbeitet man in diesem Feld? Geld? Ein Haus? Ein Auto? Urlaub auf den Malediven? Sex, Drugs and Rock'n'Roll?

Wie steht es mit Sinn und Bedeutung? Ja genau! Das ist es, das macht Sinn. Wir sind Sinn- und Bedeutungsproduzenten. Wir haben Verantwortung. Wir übersetzen Gefühle, wir schreiben Zeichen in den Himmel, auch ohne transzendentale Obdachlosigkeit. Wir machen nützliches Design, sprechende Räume, wir stellen Erkenntnisse zur Disposition und lassen das »Wörterbuch der Winde« flattern. Wir, das sind die Transdisziplinären, von denen die Richard Floridas in Toronto, die Helmuth Langs in Paris oder die ehemaligen Cool-Britanias-(korrekt)Leute in London so schwärmen. Die man so gemeinhin als transnationale Gruppe bezeichnet, auf dem Weg zwischen Shanghai, London, New York und Berlin. Wir sehen die gleichen Filme und lesen ähnliche Bücher. Allerdings mit verschiedenen kulturellen Filtern. Wir, das sind die Architekten, Designer, Literaten und Philosophen, die Filmemacher und Ingenieure, die Grafiker und Ökonomen, die dann alles Krumme wieder geraderechnen müssen.

Wir sind die, die längst erkannt haben, dass die Gründung des Realgymnasiums in Wien 1878 der Anfang vom Ende war, dass die Trennung der Disziplinen, die Trennung von Begriffen wie Natur und Geist Quatsch war. Wir arbeiten hart, zum Teil sieben Tage die Woche. Wir besteigen die Flieger und sitzen auf bunten Stühlen. Wir denken nach. Über uns und das Leben. Über Sinn und Bedeutung. Natürlich besonders, wenn es um etwas Großes geht, wenn es ums Ganze geht. Am Ende bleibt eine Idee übrig in Form eines Gedichtes, einer Architektur, eines Designs oder eines großartigen Films.

Und es geht natürlich immer um alles: Das weiße Blatt Papier flattert im »Wörterbuch der Winde«.

»Das Neue entsteht an den Grenzen. Und nur dort«, sagt der deutsche Philosoph Bernhard von Mutius. Wir sind die Grenzsucher im Erlebnispark des Kapitalismus.

Lutz Engelke

Die Ausbildung zum Wahrnehmer

Die Ökonomisierung der Ideen fängt so gesehen bei der Ausbildung zum Wahrnehmer an – also beim Ich. Wenn das Ich nichts wahrnimmt, gibt es auch keinen Anschluss an die Welt. Denn auch wer Augen hat, muss noch lange nichts sehen können.

Dabei fällt uns immer wieder auf, dass die Vernunft der Ökonomie und die Ökonomie der Kreativität nicht zwingend kompatibel sind. Die Navigationsinstrumente der Wahrnehmung sind grundlegend andere. Die kreativen Eliten haben andere Grundinteressen als die der technisch und funktional ausgebildeten sogenannten Vernunftelite von Industrie oder internationaler Finanzwirtschaft. Die Radarschirme sind entsprechend anders strukturiert.

Nassim Talebs *Der schwarze Schwan* in Gestalt des plötzlichen Zusammenbruchs des weltweiten Finanzmarktes kam nicht über Nacht. Es war auch eine Krise der Wahrnehmung und zugleich eine »Krise der Vernunft«, wie es Frank Schirrmacher formulierte. Die herkömmlich ökonomisch getriebene Vernunft war über Nacht navigationsunfähig. Der Eisberg hatte das System selbst produziert. Der Blind Spot war das System selbst.

Aber genau das ist die Chance für eine nachhaltige Ökonomie der Kreativität! Wir sollten das jetzt laut sagen! Auch wenn es auf Anhieb keiner versteht.

Das Navigationssystem der Ideen- oder Kreativwirtschaft ist das Nervensystem selbst. Genaues Hinhören und Hinschauen, Empathie ist Programm. Nichts mehr und nichts weniger. Die Ökonomie der Kreativität lebt von der Durchlässigkeit der Ideen.

Doch Wahrnehmung ist schwieriger geworden. Die brillanten Analysen nehmen zwar in den globalen Magazinen, Newsportalen und Bildermaschinen zu. Sie überbieten sich sogar gegenseitig mit den Welttotalen. Aber die Inflation der Welttotalen zerstört zugleich die Perspektiven. Wir müssen sogar aufpassen, dass uns die Geschwindigkeit des allwissenden World Wide Web zum Teil nicht schon den Blick verklebt, weil es Fakten als Verstehen vorgaukelt, wo vor langer Zeit noch Kontemplation gestanden hat. Deshalb taugen die Prousts, Flauberts, Platons, Freuds, Beuys oder Musils verknüpft mit Benjamin & Co. gerade heute immer mehr.

Die Produktion der Wahrnehmung

Wahrnehmung will gelernt sein. Experten gibt es genug: Fangen wir gleich mit einem Ingenieur an, mit Ulrich, dem Mann ohne Eigenschaften, wie er sich zu Beginn des 20. Jahrhunderts hinter der Gardine seines Wohnzimmers aufstellt und der Welt beim Zusammenspiel zuschaut. Ulrich »stand hinter einem Fenster und zählte mit der Uhr seit zehn Minuten die Autos, die Wagen, die Trambahnen. Er schätzte die Geschwindigkeiten, die Winkel, die lebendigen Kräfte vorübergehender Massen ... Könnte man die Sprünge der Aufmerksamkeit messen, die Leistungen der Augenmuskeln, die Pendelbewegungen der Seele und alle die Anstrengungen, die ein Mensch vollbringen muss, um sich im Fluss der Straße aufrecht zu halten, es käme vermutlich – so hatte er gedacht und spielend das Unmögliche zu berechnen versucht – eine Größe heraus, mit der verglichen die Kraft, die Atlas braucht, um die Welt zu stemmen, gering ist, und man könnte ermessen, welche ungeheure Leistung heute schon ein Mensch vollbringt, der gar nichts tut.«

Ulrich ist die ursprüngliche Form der Vernetzung. Er tut nichts weiter. Er stellt quasi seinen Kopf und seine Augenmuskeln zur Verfügung. In seinem Kopf laufen die Fäden zusammen. Dort treffen sich die Naturwissenschaften mit der Philosophie, in seinem Kopf unterhält sich die Mathematik mit Diderot, Platon und Goethe, in seinem Kopf entsteht ein Urgrund für die Ökonomie von Kreativität. Es ist die Wahrnehmung des Transdisziplinären. Quasi das angewandte Internet im eigenen Körper. So gesehen wäre Gar-nichts-Tun auch eine Lösung.

Lutz Engelke

Es geht immer um alles – um Aufräumen

Man muss nur die Spuren und Zeichen erkennen können. Sie liegen in uns, quasi unsichtbar. Man muss sie nur benennen können. Nur wer mit dem Herzen sieht, erkennt die Liebe. Nur wer die Sprache der Poesie erspüren kann, den durchweht das Gedicht. Insofern schützt die Blindheit nicht vorm Sehen, aber es ist auch umgekehrt. Derjenige, der sieht, muss noch lange nichts erkennen. Der Fokus liegt noch lange nicht auf der Netzhaut, er liegt weit dahinter. Leonardo da Vinci schrieb, Künstler sollten so lange auf abbröckelnde Gipswände schauen, bis sie Formen aus dem Gips aufsteigen sehen.

Der Zen-Buddhismus steigert dies: Man soll eine Blume so lange anschauen, bis sie einen sieht. Dies meint, den spürenden Hintergrund mitzureflektieren. Die Dinge erspüren, die Dinge aufräumen in Erweiterung eines Begriffs des amerikanischen Psychologen Arnold Mindell. Der alte chinesische Weise Chuangzi sieht im Tao die eigentliche Urkraft: »Es muss eine Urkraft geben, doch wir können keinen Beweis dafür entdecken. Ich glaube, sie handelt, aber ich kann sie nicht sehen. Ich kann sie fühlen, doch sie besitzt keine Form.«

Der Fokus unserer Gegenwart läuft an keinem konkreten Ort oder zentralen Nervenknoten mehr zusammen. Der Fokus ist längst als ein immaterielles Netzwerk erkannt. Kein Ort. Nirgends!

Realität trifft Realität

Die Ökonomie der Kreativität ist brutal. Das weiße Blatt Papier ist der Kampfplatz der Fantasie. Da bleibt kein Stein auf dem anderen. Die wunderschönen, ewig weiterplätschernden Theorien der Kreativität sind Hintergrundturbulenzen, sie sind Opern, Rheingold für Theoretiker, Erbauungsmaterial, wenn es Sonntag ist. Montags sieht die Welt anders aus. Die Flieger müssen bestiegen werden.

Die Ideen suchen ihr Geld, und das Geld sucht sich die Ideen aus. Wir heißen Triad Berlin. Na und? Schöngeredet, sind wir ein KreativInstitut, eine interdisziplinäre Agentur für die Übersetzung von Komplexität. Wenn wir Marketing für uns machen, sprechen wir von den Designern, Architekten, Künstlern und Ingenieuren, den Sprachakrobaten aus der Politik, Literatur und Psychologie etc., die ihren Traumjob in unseren Reihen gefunden haben. Transdisziplinarität ist das Zauberwort. Selbstverwirklichung im Erlebnispark des Kapitalismus. Wir sind die Software, der Content, die Kunst. Wir liefern den skeptischen Kommentar, die Überraschung, das Lächeln in dieser Erlebniswelt. Wir schaffen die Architekturen, Räume und Formen, die Zeichen und Bilder für Wa(h)-rendramaturgien. Aus Produktionsgeräuschen werden bei uns Songs oder Opern. Wir erzählen Geschichten.

Doch Realität ist, wenn jemand zur Tür hereinkommt und sagt: »So, wir haben schon fünf Agenturen verschlissen. Wir haben noch drei Wochen Zeit. Hier habt ihr einen Satz: ›Aufbruch ins eigene Leben.‹ Überlegt euch was und kommt in drei Wochen vorbei.« Das weiße Blatt Papier beginnt zu zittern – und dann meldet sich noch China.

China, China, China!

Bitte entwickeln Sie zur Weltausstellung 2010 in Shanghai ein interkulturelles Projekt, das auf der Komplexitätsrichterskala bei 10 angesiedelt ist. Das auf 12 000 Quadratmetern die Probleme und Lösungen der fortschreitenden Urbanisierung im 21. Jahrhundert inszeniert. Nehmen wir mal an, es trägt den bescheidenen Titel »Urban Planet« und nimmt die Megacitys unseres Globus in den Blick.

Ein Direktauftrag der chinesischen Regierung und ein gegen 150 Mitbewerber aus der ganzen Welt gewonnenes Projekt werden zu einer Megamaschine. Es geht dann nicht mehr um Flaubert, Freud oder den Ingenieur Ulrich, sondern um Praxis. In China entsteht ein Erlebnispark des Kapitalismus mit anderen Mitteln. Wir sind aufgefordert, alle Register zu ziehen. Chinesische Verhandlungspraktiken, Geld und Risiken stehen plötzlich im Vordergrund. »Lost in Translation« wird eher zu einer poetischen Umschreibung der Arbeitsvorgänge. Die Realität ist so

Lutz Engelke

penetrant wie ein Fließband. Der Ingenieur ist dann ein Ingenieur, der dem Literaten die Physik erklärt.

Die Schwerkraft der Welt entzaubert den Entwurf. Ulrich, der Ingenieur, sagt: »Was habt ihr euch da eigentlich wieder ausgedacht? Man kann weder ein ganzes Theater einfach in die Luft hängen noch aus einer Kugel von 50 Metern Durchmesser ein bewegliches Welttheater machen – da müssen erst noch die physikalischen Gesetze des Lichtes neu erfunden werden. Ihr müsst leider noch mal von vorne anfangen.« Die Papierkörbe leisten Überstunden.

Oder wenn die chinesische Leitung der Expo in Shanghai sich in klassischer ZK-Haltung vor uns aufbaut und bedeutungsvoll nichts verstanden hat von unseren hehren Absichten, die Welt zu retten. Wenn man feststellt, dass es die Begriffe Nachbesserung oder Mobilitätssysteme im Chinesischen einfach nicht gibt. Das Team verfällt in Selbstkritik, und drei Monate Arbeit waren umsonst. Dann ist Kreativität ein hartes Geschäft. Dann bringt einen Kreativität vollends zur Verzweiflung, fast zum Scheitern. Dann verflucht man jedes weiße Blatt Papier.

Doch mit etwas Abstand erinnert man sich wieder an seine Fähigkeiten und Grundlagen. Scheitern heißt immer wieder anfangen. Scheitern zwingt dazu, noch präziser zu sein als die Vernunft der anderen Seite, die Ästhetik zu vertreten, die Idee zu retten, eine innere und politische Haltung zu entwickeln und die Dinge durchzusetzen.

Eigensinn als Eigenschaft

Um auf diesem Niveau kreativ sein zu können, braucht es eine präzise Ausbildung. Die Grundlagen der Wissensgesellschaft sind unser Handwerkszeug.

Mit dem Ball spielen zu können im All mit allem, wie Maradona oder Ronaldo, setzt die gesamte Technik voraus. Erst dann kann man wieder spielen.

Nichts ist schlimmer als die genialen Alleskönner mit einer theoretischen, am besten postmodernen Rhetorik ohne jede Erfahrung. Picasso konnte malen wie die Klassiker, bevor er begann, neue Darstellungsformate zu erfinden und die Grenzen zu verschieben.

Die Anschlussfähigkeit und gegenseitige Durchdringung von Design, Kunst, Theorie, Architektur, Film, Grafik, Literatur mit politischen Prozessen setzt einen permanenten neugierigen 360-Grad-Blick auf die ganze Welt voraus. Kreative Prozesse finden weder im wertefreien oder kontextfreien Raum statt. Sie leben vom freien Austausch der Wahrnehmungen. Dann kommt es auf die inspirierende Verbindung von Kopf und Bauch an. Im besten aller Fälle gehen so Erkenntnis und Interesse eine ernsthafte Verbindung ein.

Übersetzung von Komplexität ist, wenn Fachleute auf Designer treffen, Architekten auf Logistiker, Experten von IT-Systemen auf Grafiker und Theaterwissenschaftler. Besprochen werden so wundersame Zukunftsszenarien wie das »Internet der Dinge«, »Desaster Controll Teams« oder wie die DHL mit dem Klimawandel umgeht. Am Ende entsteht ein Innovation Center, in dem man die globale Logistikkette begehen, anfassen und erleben kann. Dann kommt irgendwann der chinesische Verkehrsminister und bestaunt die Innovationskraft Deutschlands. Es hat zwar keiner gemerkt, aber Benjamin, Musil und die anderen Kollegen von vorne waren alle dabei – unmerklich –, sie halfen beim Aufräumen!

Das ist ein Zusammenspiel, wie es besser kaum geht. Es setzt aber den doppelten Doppelpass voraus. Eine Dialogkultur, um Verstehen ringen, den vagen Ideen Begriffe geben, den Begriffen Bilder und aus den Bildern dann erste Zeichen extrahieren, aus denen szenografische Räume, Architekturen und Dramaturgie wird. Szenografie nennt man so etwas. Dabei hilft der Imaginationsraum im Kopf – die Fähigkeit, Bilder zulassen zu können und in den Raum angstfrei hineinzudämmern. Halt, Aufräumen! Eigensinn!

Die zwei Lager

Die Akteure der Industrie, der Politik, der politischen und kulturellen Institutionen und wir als die Kreativen sitzen uns oft gegenüber und staunen. Es sieht so aus, als seien wir zwei Lager. Hier die global operierenden Unternehmen mit ihren Produkten und Dienstleistungen. Dort die kreativen Skeptiker und Träumer. Das Bild ist richtig und zugleich falsch.

Es gibt neue Spielräume – für beide Seiten. Die Navigationsinstrumente für die nahe Zukunft stehen auf dem Prüfstand. Vieles muss neu erfunden werden. Das ist die Chance für eine neue Ökonomie der Kreativität. Daran muss man jetzt gemeinsam arbeiten. Dabei wird es im Zuge der Globalisierung immer schwieriger, Anschluss zu halten – für beide Seiten. Denn es herrscht mehr Nebel als Übersicht. Die Komplexität der Themen nimmt überhand. Man ist in den Informationstauschbörsen aufeinander angewiesen.

Die Hoffnung ist, dass wir möglicherweise längst schon eine Generation weiter sind, als wir glauben. Fest steht, wir haben in den letzten zehn Jahren viel gelernt voneinander im Erlebnispark Kapitalismus. Es gibt eine Arbeitsteilung, die funktioniert.

Dabei fällt auf: Wenn die Werte stimmen, entsteht auch schnell Fantasie. Wenn Vertrauen da ist, ist alles möglich. Wir konnten in knapp 15 Monaten in der Nähe des Flughafens Köln-Bonn ein weltweit einmaliges Show- und Forschungscenter für DHL bauen, das die weltweiten Logistikströme zeigt. Der Grund: Es war wenig Sand im Denken dabei. Die beiden Kulturen sind aufeinander zugegangen.

Eine kreative Industrie leistet sich die Ökonomie der Kreativität. »Innovate or Die« sind die Treiber, und das Ballspielen mit dem All wird zur Praxis. Allerdings geht es um nicht mehr und nicht weniger als um diese eine verdammte Welt. Der Erlebnispark Kapitalismus in seiner ganzen Ambivalenz wird dann im besten Fall zu einem Lernmodell. Let's create it!

9

Und nochmals Schumpeter

Schumpeter und die schöpferische Zerstörung

Schumpeters Einfluss auf Theorie und Praxis der amerikanischen Wirtschaft ist unübersehbar. Im deutschsprachigen Raum ist sein Einfluss, nicht zuletzt durch die starke staatliche und politische Regulierung der Ökonomie, deutlich geringer. In diesem Zusammenhang ist eines von größter Bedeutung: Bei Schumpeter ist, wie bei allen zeitgenössischen Ökonomen, das Moment der Produktion nicht mehr gleichwertig mit dem der Kreation. Im klassischen industriekapitalistischen System, auf dem auch die heute noch üblichen Institutionen und Einrichtungen des bürgerlichen Staates, Parteiensystems und des marktwirtschaftlich orientierten Sozialstaates fußen, gilt eine andere Hierarchie.

Die Massenproduktion, ihre Skalierbarkeit, die Versorgung der Kunden mit ausreichenden und überausreichenden Mengen an Waren und Dienstleistungen stehen hier im Vordergrund. Der Industriekapitalismus bestimmt insbesondere in Deutschland und Österreich noch die herrschende »Lehre«, ja man kann sagen die Ideologie dessen, was Wirtschaft ausmacht. Wirtschaft wird mit dem Kopf der Fabrik gedacht. Alle zeitlichen und materiellen Erscheinungen von Ökonomie sind nach wie vor voll am Ablauf eines reinen Produktionsbetriebes orientiert, in dem Veränderungsprozesse nachrangig sind. Veränderungsprozesse werden sogar als Störfaktor verstanden. Veränderung aber ist Innovation – anders als der handgreifliche, sichtbare Output schöpferischer Arbeit (Denkens).

Man muss also zunächst einmal den Irrgarten industriekapitalistischer Terminologie und Lehre verlassen, um sich überhaupt ein halbwegs geordnetes Bild dessen zu machen, was seit mehreren Jahrzehnten im Alltag bereits immer deutlicher wird: Wissen schlägt Produkt. Die großen Gewinne, die weltweiten Erfolge ökonomischer Prozesse und Innovationen sind nahezu alle wissensbasiert, seit dem Siegeszug des Computers und des Internets ist das deutlich, wenngleich noch lange nicht in die Lehre und auch Köpfe der meisten handelnden Personen, insbesondere in Europa, eingedrungen.

Übrigens wird diese Auseinandersetzung nichts für Harmoniesüchtige sein. Es geht von Anfang an um eine Machtauseinandersetzung zwischen zwei nicht kompatiblen Organisationsstrukturen: industriekapitalisch die eine, wissensbasiert die andere. Das verlangt nicht bloß ein bisschen anderes oder modernes Denken. Es verlangt andere Akteure. Es geht um die Macht. Joseph A. Schumpeter hat die grundlegende Kraft des unternehmerischen Handelns in seinem Axiom der »schöpferischen Zerstörung« beschrieben, also des kreativen Erneuerns, das in jedem ökonomischen Prozess entscheidend ist.

Innovation und Verbesserungsentwicklung sind als kreativer Akt – der »das Alte zerstört« – zu verstehen. Dabei hat sich der stets auf sicherem philosophischem und historischem Grund bewegende Schumpeter sehr berühmter Vorfahren bedient. Zwar ist seine These von der kreativen Zerstörung in der Ökonomie in der von ihm beschriebenen Form originär und unverwechselbar, aber die Grundlagen dessen, was Schumpeter beschreibt, sind wesentlich älter – in der Analyse nochmals fast 90 Jahre vor seiner weltberühmten Grundformel der »Neuen Wirtschaft« entstanden.

Lesen wir die bekannteste Definition des Kapitalismus – genauer: des Industriekapitalismus –, geschrieben während seiner Blütezeit in der Mitte des 19. Jahrhunderts, lange bevor in den 1960er und 1970er Jahren Dienstleistungen die Industrieproduktion wert- und köpfemäßig überholten und bevor Wissen als wichtigste ökonomische Ressource erkannt wurde. Diese Definition liest sich abenteuerlich:

> *»Alle festen, eingerosteten Verhältnisse*
> *mit ihrem Gefolge von altehrwürdigen Vorstellungen*
> *und Anschauungen werden aufgelöst,*
> *alle neu gebildeten veralten, ehe sie verknöchern können.*
> *Alles Ständische und Stehende verdampft,*
> *alles Heilige wird entweiht, und die Menschen*
> *sind endlich gezwungen, ihre Lebensstellung,*
> *ihre gegenseitigen Beziehungen mit nüchternen Augen*
> *anzusehen.«*

Was hier von Karl Marx und Friedrich Engels vor 160 Jahren beschrieben wurde, ist eine Kraft, der »nichts heilig ist«, was den Autoren offensichtlich große Bewunderung abgerungen hat. Im *Kommunistischen Manifest*, ausgerechnet, wird die Dynamik des sich selbst erneuernden Systems Kapitalismus treffsicher und mit der für Marx typischen Schärfe der Analyse auf den Tisch gelegt. Dass die Nachfolger der beiden Philosophen genau das Gegenteil dachten und dem Moment der Veränderung – der kreativen Zerstörung also, die dem Kapitalismus innewohnt – nichts abgewinnen konnten, steht auf einem anderen Blatt.

Veränderung – die Grundlage der neuen Wirtschaft

Kapitalismus ist Veränderung. Und was ist Veränderung? Nichts anderes als die Fähigkeit, Innovationen und schöpferische Neuentwicklungen zu implementieren und zu denken. Das war nie anders. Nur tritt es im geordneten, scheinbar auf Routine ausgelegten industriekapitalistischen Prozess, der nur auf Vermehrung des Gleichen abzielt, deutlich zurück. In diesem Sinne ist Kreativwirtschaft eine maximale Systemstörung des nach wie vor bestehenden ökonomischen und gesellschaftlichen Bildes. Und hier nochmals Joseph A. Schumpeter, der Vater der kreativen Wirtschaft:

> *»Dieser Prozess der schöpferischen Zerstörung*
> *ist das für den Kapitalismus wesentliche Faktum.*
> *Darin besteht der Kapitalismus, und darin muss auch*
> *jedes kapitalistische Gebilde leben.«*

Industriemanager-Denker bestimmen immer noch die offizielle Haltung zur Wirtschaft. Die Kulturwissenschaftlerin Heike Grimm hat unter Bezugnahme auf Deutschland dazu angemerkt: »Das Land der Maschinenbauer und Autohersteller, der Ingenieure, Mechaniker und Laboranten verliert seine industrielle Basis.« Faktisch macht die industrielle Wertschöpfung heute weniger als 20 Prozent des gesamten BIP (Bruttoinlandproduktes) aus. Aber geistig stecken die alten Industrienationen noch völlig in einer 150-prozentigen Ideologie der ökonomischen Skalierung mit allen, zum Teil dramatischen Nebeneffekten wie starrer Arbeitszeit, starrer Lebensarbeitszeit, Unflexibilität, Demobilität – alles Kostentreiber erster Ordnung.

Nico Stehr, Kulturwissenschaftler an der Zeppelin University in Friedrichshafen, sagt:

> *»Es ist ganz normal, dass die Leute irritiert sind.*
> *Aber die Transformation, die heute ansetzt, erfasst Menschen*
> *und Prozesse eben auf allen Ebenen. ... Es spielt keine Rolle,*
> *ob man diese Veränderungen bewusst erlebt oder nicht –*
> *man kann sie nicht verhindern.«*

Diese Veränderung passiert auch dann, wenn man so tut, als gehe einen das nichts an und Kreativität wäre ein wenig Töpfern in der Volkshochschule oder ein bisschen Abenteuerurlaub. Kreativität wird zum Normalzustand der Ökonomie. Mehrwert wird nur mehr dort entscheidend und wohlstandssichernd wie auch progressiv generiert, wo bessere, leistungsfähigere Ideen schnell und »störungsfrei« umgesetzt werden. Es fehlt eine Kultur der Selbständigkeit in Europa, denn hier ist nach wie vor die »Angestelltenmentalität« viel zu stark ausgeprägt. Kreatives Wirtschaften

impliziert ja bereits ein hohes Maß an Experiment und Forschungs-
bereitschaft, also auch Risikobereitschaft, ein weiteres Manko in einer
sozialstaatlich verordneten Sicherheitsgesellschaft.

Technologie und Creative Economy

Erstens: Technologieakzeptanz. Sie ist eine unabdingbare Voraussetzung
für die Kreativwirtschaft. Das gilt uneingeschränkt und auf allen Feldern.
Sie fehlt, wo nur einseitige Energieforschung betrieben wird, ebenso wie
dort, wo etwa Computer für die Unterhaltung allgemein akzeptiert sind,
in Netzwerken aber ansonsten eine (echte oder vermeintliche) Gefahr für
die Privatsphäre heraufbeschworen wird. Europa ist nicht technologie-
freundlich. Als Mainstream hat sich eher eine tiefe Technologieskepsis
durchgesetzt. Diese aber verhindert nachhaltig die Möglichkeit, sich in
einem offenen Kreis, dem 360-Grad-Denken, mit der Frage nach neuen
Lösungen und Innovationen, damit Veränderungen zu beschäftigen.
    Zweitens: Talente. Sie sind in der industriekapitalistischen Gesellschaft
Störfaktoren erster Ordnung. Das ist gut so. Daran erkennen wir zunehmend den Druck auf das alte System, das unaufhörlich globale Krisen
produziert, die letztlich die Entwicklung entscheidend verlangsamen.
Wir lernen, dass die Störung des Systems unsere größte Chance ist, wenn
wir bereit sind, etwas daraus zu machen.

> *Jede Organisation braucht eine innovative Störung,*
> *sie wird diese Störung aber auch immer bekämpfen.*
> *Umso wichtiger ist es, das Wesen der Erneuerung bewusst und*
> *populär zu machen. Vieles, was heute noch unter*
> *die Rubrik Zukunftsangst und Bedrohung fällt,*
> *kann dann als Chance begriffen werden, die Organisation*
> *zu stärken – und nicht, wie es vielfach noch scheint, durch*
> *Erneuerung aufs Spiel zu setzen.*

Und nochmals Schumpeter

Hier werden Durchschnittsfähigkeiten für skalierbare, leicht kalkulierbare und risikoarme Tätigkeiten entwickelt und gesucht. Die Gesellschaft wie auch der Einzelne wagen zu wenig, das Risiko des Scheiterns ist sehr hoch, weil keine gesellschaftliche und kulturelle Akzeptanz des Scheiterns vorhanden ist. Talentförderung bedeutet vor allen Dingen: mehr Risikobereitschaft in Institutionen und Organisationen. Mehr Rechte auch für die »Gestörten«. Es müssen nicht nur Arbeitszeit- und Arbeitsortmodelle neu überdacht werden, die über das statische postindustrielle Büromilieu hinausragen (etwa Home-Office, dislozierte Arbeit als Normalfall), sondern auch die Entscheidungsstrukturen so geändert werden, dass alle Nichtbürobesitzer an ihnen teilnehmen können. Davon sind die meisten Betriebe weit entfernt.

Eine offene, liberale, selbständige Gesellschaft ist eine der wichtigsten Grundlagen für die Ideenwirtschaft. Wo zu viel Reglement herrscht, zu viele Regeln und Vorurteile regieren, kann sich Kreativität nicht entwickeln.

Regionen und Staaten, die auf Unselbständigkeit und Normen setzen, haben in der Ideenwirtschaft einen entscheidenden Standortnachteil. Sie sind die »rohstoffarmen Nationen« des 19. und 20. Jahrhunderts.

Die Kreativwirtschaft muss sich also entwickeln, sie muss wachsen, und weil sie kaum Raum hat, sich in der alten Industriegesellschaft zu verwurzeln, wird die Aufgabe noch deutlich schwieriger.

Unerlässlich ist sie trotzdem. Die Tatsache, dass eine wissensbasierte Ökonomie ohne die herausragende Leistung von Kreativen nicht zu stemmen ist, mag ein Antrieb sein, gründlich mit falschen Traditionen zu brechen. Eine andere Sache ist es, dass unser Wohlstand unmittelbar davon abhängt, wie wir uns den Kreativen gegenüber verhalten.

Wenn weiterhin Ausgrenzung und Irrationalität die Sichtweise auf die Bewertung kreativer Arbeit bestimmen, dann wird sich Europa in alter Handarbeit üben müssen – also die Aufgabe übernehmen, die zurückführt zu sozial und ökonomisch wenig erfreulichen und wenig einträglichen Zeiten. Werkbank oder Denkstube – das sind die Alternativen, die sich idealerweise sogar verbinden lassen, wenn mehr Offenheit herrscht. Was ist Offenheit? Nur Toleranz? Nein, mehr. Die Fähigkeit und der Wille, Menschen ihre Sache weitgehend selbst machen zu lassen. Es sind elementare kulturelle Fähigkeiten, menschliche Eigenschaften, die man braucht wie Mut oder Respekt. Vor allem den Respekt vor dem Wert geistiger Arbeit.

Hier stehen wir am Anfang. Die Generation MP3, die sorglos geistiges Eigentum von Kreativen und ihren Partnern aus dem Internet absaugt, ist ein klassisches Kind einer Gesellschaftsordnung, die Kreativität gering schätzt, weil sie »bloß Kunst ist«, also Zeitvertreib. Das alte Denken und das neue Hacken haben also viel miteinander zu tun. Respekt vor geistigem Eigentum? Ja! Dieter Gorny hat aufgeschrieben, was wir lernen müssen.

Dieter Gorny

Respekt. Mut. Fortschritt und Wandel oder Was wir brauchen, um die Ideenwirtschaft zu begreifen, und wie wir dabei eine Kulturgesellschaft werden

Wir leben in Zeiten von Umbrüchen ganz grundsätzlicher Natur. Denn wir stehen vor der Auflösung bisheriger Strukturen in der Politik, Wirtschaft, Gesellschaft und auch der Kultur. Das Schlüsselwort dafür lautet: Globalisierung.

Sie zwingt uns, neue Wege bei der Entwicklung von Volkswirtschaften und bei der Wertschöpfung zu gehen. Die Globalisierung zwingt uns aber auch zu einem neuen Kulturverständnis.

Was hat das mit Kreativität zu tun? Eine ganze Menge.

Die weltweiten Entwicklungen stellen Gegebenes auf den Prüfstand – besonders in wirtschaftlichen Belangen. Wir befinden uns in ganz Europa in einem Transformationsprozess. Der Titel dieses Prozesses lautet: Von der Industriegesellschaft zur Wissensgesellschaft und zu einer Kulturgesellschaft.

Drei Faktoren sorgen für eine Geschwindigkeit bei dieser Entwicklung: Der anthropologische Faktor der Individualisierung, der ökologische Faktor der Globalisierung und der technologische Faktor der Digitalisierung. Diese tiefgreifenden Veränderungen stellen das Gewohnte in

Frage. Das erzeugt zum einen Angst – ist aber auch eine enorme Chance, die wir nicht nur nutzen sollten, sondern – schlicht und ergreifend – nutzen müssen. Und zwar: für mehr Kreativität, für urbane Entwicklung, für Mehrwert, für Arbeitsplätze und damit für mehr wirtschaftlichen Wohlstand.

Für Deutschland steht dabei die Kreativindustrie im Mittelpunkt. Sie muss Leitmarkt und damit Impulsgeber für die künftige Wertschöpfung werden. Dafür sind mehrere Faktoren aber unabdinglich:

1) Es geht um Respekt,
   2) um Mut,
      3) und es geht um Fortschritt und Wandel.

Fortschritt und Wandel

Schauen wir uns den Punkt Fortschritt und Wandel genauer an. Es vergeht kein Tag, an dem nicht wieder irgendwer irgendetwas zu irgendeiner – vorgeblich für die Gesellschaft – lebensnotwendigen Forderung erklärt. Doch bei meinem Anliegen geht es nicht um ein x-beliebiges Thema.

Es geht um die seismische Verschiebung weltweiter Wirtschaftsaktivitäten. Eines ist mehr als sicher: Das, was als Herausforderung der Globalisierung etwa aus China und Indien auf Europa zurollt, dürfen wir nicht ignorieren. Das globale Tempo der technologischen Entwicklung war nie so hoch wie heute.

Und diese technologischen, primär digitalen Eroberungen verändern den Alltag, das Verhalten und damit auch die Kultur und das Denken eines jeden – ob in Bombay oder Berlin, ob in Moskau, New York, Rio oder Sydney.

Dieser Überzeugung ist man auch in Europa. Tessa Jowell, viele Jahre englische Ministerin für Kultur, Medien und Sport, plädierte schon vor mehreren Jahren leidenschaftlich: Wir in Europa müssen uns darauf konzentrieren, wo unsere Stärken liegen. Recht hat sie. Für uns in Europa gibt es nicht mehr die Handelsstrategie »Produziere große Mengen und verkaufe sie billig«. Das können andere besser – etwa aufstrebende Länder wie China und Indien.

Die Chance für Europa liegt in den Köpfen der Menschen – sie liegt in der Idee, in einer Wertsteigerung durch Innovation und Kreativität. Und sie liegt in den Werten unserer Kultur und Tradition.

Daran zweifelt heute kein ernsthafter Ökonom mehr. Ideen und Kreativität werden das wichtigste Wirtschaftsgut des 21. Jahrhunderts sein. Doch in der Vergangenheit war das nicht immer so. »Im Laufe der Geschichte waren die Kreativen vor allen Dingen: Außenseiter, Verrückte, Spinner, Irre, die man zu Lebzeiten gern an den Rand der Gesellschaft drängte – um von ihren Ideen auch noch lange nach ihrem Ableben prächtig leben zu können.« Sagt Wolf Lotter. Möglich sei das gewesen, weil ihr Anteil an der Gesellschaft immer klein gewesen sei – ihre Rolle, wenn es um Fortschritt, Erfindung, Entdeckung und Kultur ginge, aber umso bedeutender. Eine Idee kann man nicht anfassen. Sie ist Abstraktion – also nichts Gegenständliches. Doch gerade darin steckt eine Chance für die künftige Wertschöpfung in Europa und in Deutschland.

Das Land der Ingenieure ist auch das Land der Musiker, Dichter und Denker. Hierzulande gibt es eine Menge Know-how, Ideen und Innovationen. Doch die müssen auch auf einen Nährboden fallen, auf dem sie wachsen und gedeihen können. Inhalte müssen einen gleichwertigen Stellenwert mit technischen Innovationen der Hochtechnologie haben. Es gibt eine gegenseitige Abhängigkeit. Denn was soll man beispielsweise mit den tollsten neuen Abspielgeräten, wenn man damit nur – im wahrsten Sinne des Wortes – in »die Röhre glotzen kann«.

Mit diesem Verständnis sieht es hierzulande nicht besonders gut aus. Und das, obwohl die Zeit der großen Massenproduktionen vorbeigeht, sich die Industriegesellschaft gerade hin zu einer kreativen Ökonomie, einer Wissensgesellschaft wandelt.

Trotzdem tut man sich in Deutschland so schwer.

Gerade wohl auch, weil in der Wissensgesellschaft keine handfesten Produkte nach Plan und klaren Vorgaben entstehen. Genau das macht es den Kreativen hierzulande so schwer, obwohl sie mit der Kreativwirtschaft – mit ständigen Erneuerungen und Innovationen – eine zentrale

Rolle in unserer Wirtschaftslandschaft einnehmen werden und einnehmen müssen.

Was macht die Kreativwirtschaft?

Hier eine Definition: Die »Creative Industries« erzeugen und vermitteln kreative Inhalte. Ihr Produkt ist eine schützenswerte Leistung. Durch die Erzeugung und Auswertung dieses geistigen Eigentums schaffen sie Wertsteigerung und Arbeitsplätze. Diese Wertsteigerung geht nicht von einzelnen Branchen – wie etwa in der Industrialisierung – aus, sondern von einem ganzen Branchenkanon.

Es geht also um nicht weniger als um künftige Wachstumsschübe für die deutsche Volkswirtschaft und die Prosperität Europas. Es geht um Konkurrenzfähigkeit mit den aufstrebenden Märkten – etwa in Indien und China. Wenn die Geschwindigkeit von Innovation und Investition nicht steigt, ist es nur eine Frage der Zeit, bis Europa von der Weltwirtschaft überholt wird. China ist gerade auf der Zielgeraden für den Titel »Größter Internet-Markt der Welt«.

Die US-amerikanische Managerin und ehemalige Hewlett-Packard-Chefin Carly Fiorina beschrieb den Umgang der Industrienationen mit den derzeitigen tektonischen Verschiebungen auf den Weltmärkten einmal so: »Die Schwierigkeiten sind besonders gravierend, wenn von einer erfolgreichen Vergangenheit nur noch Selbstgefälligkeit und Anspruchsdenken übrig geblieben sind und wenn man ignoriert, dass andere die Messlatte längst höher gelegt haben.«

Mut

Die zwingend notwendigen Essenzen für künftig prosperierende Volkswirtschaften heißen: gute Ideen und kreative Köpfe für Innovationen und Inhalte, Bildung und Kultur. Doch was passiert eigentlich, wenn diese Kreativen in die Märkte streben und mit ihrem Produkt Geld verdienen wollen? Wie verhält sich die Politik dazu?

Was passiert, wenn Kulturpolitik anfängt, Wirtschaftspolitik zu betreiben? Viele halten das für den Untergang des Abendlandes. Aber eher andersherum wird für mich ein Schuh draus. Wenn die Industrienationen und damit auch Europa nicht mit Hochdruck diese vermeintliche Bedrohung der Globalisierung als Chance begreifen, werden sie in absehbarer Zeit »unter ferner liefen« fallen.

Über die Jahrzehnte, ja Jahrhunderte hinweg waren wir gewohnt, dass es die sogenannte Hochkultur nur als schmückendes Beiwerk in oft geschlossenen Gesellschaftskreisen gab. Doch die Globalisierung stellt dieses Gewohnheitsrecht auf den Kopf. Kunst, Kultur und damit im Zusammenhang stehende Eigenschaften – also Kreativität – rücken nun ins Zentrum der Debatte. Und auch wenn wir es nicht wahrhaben wollen: Wir werden es uns künftig nicht mehr leisten können, einen Diskurs über unsere ökonomische Zukunft zu führen, ohne die Kunst, Kultur und Kreativität zu berücksichtigen.

Wir brauchen einen Dreiklang von Technologie, Kultur und Wirtschaft. Diese Teile müssen ineinandergreifen. Bei allen Debatten muss deren Wechselwirkung im Vordergrund stehen.

Derzeit sind wir in Deutschland – anders als in Großbritannien, den Niederlanden und Skandinavien – nicht so weit. In der Bundesrepublik stößt man häufig auf eine sehr ideologisch gefärbte Debatte. Es ist nach wie vor weit verbreitet: Kunst und Kommerz passen nicht zusammen. Kunst, Kultur und Kreativität werden in weiten Teilen immer noch deutlich getrennt von der Ökonomie gesehen.

Und genau da müssen wir Mut besitzen und als Erstes ansetzen. Die Unverhältnismäßigkeit solcher Debatten wird gerade am Beispiel Deutschland augenfällig: Wir haben auf der einen Seite weltweit wohl das größte System voll ausgestatteter öffentlicher Theater und Opernhäuser, Musikschulen, Tanztheater und Museen. Trotzdem: Man diskutiert eine kreative Ökonomie als gesellschaftliches Zukunftsmodell – aber ohne Einbindung dieses großen und hochkreativen Systems und seiner möglichen Impulse.

Nur nimmt das keiner in Deutschland so richtig zur Kenntnis. Obwohl es für die Zukunft elementar wichtig ist. Wir brauchen die Fortentwicklung und die Verknüpfung der Kreativwirtschaft mit den vorhandenen Strukturen der etablierten Kultur.

Dieter Gorny

Ein Merkmal der alten Kulturbetrachtung ist: Sie zielt darauf ab, durch Subventionen den Bestand zu sichern. Provokant formuliert: eine Kunst im elitären Elfenbeinturm oder Veranstaltungen für einige wenige in geschlossenen Zirkeln.

Nicht dass man mich falsch versteht: Dies ist ein Plädoyer für Theater, für Oper, für Ballett. Worum es jedoch geht, ist eine Verzahnung einzelner Orte der Kreativität hin zu umfassenden Keimzellen kreativer Arbeit und kreativer Ökonomie. Also: weg von der alten Trennung, hin zu einer Symbiose.

Eine Trennung von Kreativität und Ökonomie erwuchs aus den Bedürfnissen der Industriegesellschaft. Bestes Beispiel dafür, dass es nicht immer so war, ist etwa Goethe, immerhin Dichter, Dramatiker, Theaterleiter, Naturwissenschaftler, Kunsttheoretiker und Staatsmann. Oder nehmen wir Leonardo da Vinci. Er war Maler, Bildhauer, Architekt, Musiker, Anatom, Mechaniker und Ingenieur.

Im industriellen Zeitalter wurde Kreativität in drei Bereiche unterteilt:

- Analysieren und Kontrollieren der physischen Welt: also Wissenschaft.
- Businessprozesse entwickeln und daraus Vermögen bilden: also Management und Unternehmertum.
- Dinge herstellen, die mit Individuen kommunizieren und interagieren können: also Kunst oder Geisteswissenschaften.

Die Industriegesellschaft brauchte die dritte Form der Kreativität für ihre Produkte nicht. Der Grund: Sie mussten nur Menschen in Massen verstehen. Unerheblich war der einzelne Konsument oder Mitarbeiter. Dies hat sich elementar geändert. Was für den einen Kunden goldrichtig ist, kann heute für den anderen völlig falsch sein. Es geht um individuelle Lösungen und spezielle Inhalte.

Das Industriezeitalter hat das Agrarzeitalter abgelöst. Nun ist die Industriegesellschaft ein Auslaufmodell. Im Mittelpunkt der neuen Zeit stehen: Ideen, Informationen, Innovationen. Eine künstliche Trennung von Wirtschaft, Wissenschaft und Kultur ist obsolet geworden.

Wurde kreative Arbeit in den vergangenen Jahrzehnten und Jahrhunderten als etwas Exklusives angesehen, wird die Kreativwirtschaft in den kommenden Jahren der Normalzustand sein. Künstlerische Kreativität ist eine alltäglich notwendige menschliche Leistung. Sie ist ein Grundelement menschlicher Existenz. Und genau an dieser Stelle müssen wir gerade hier in Deutschland umdenken und den Mut haben, Weichen neu zu stellen.

Hierzulande hinken wir der Entwicklung im Vergleich zu unseren europäischen Nachbarländern gnadenlos hinterher. Nehmen wir das Vereinigte Königreich. Dort kümmert sich ein »Minister für Kreativwirtschaft und Tourismus« um die hauptsächlich marktorientierten Aktivitäten der Branche. Hinzu kommt ein Kulturminister, zuständig für die Künste, Denkmalpflege, Museen. In den Niederlanden gibt es eine institutionalisierte Kooperationsplattform – und zwar zwischen Wirtschafts- und Kulturministerium. Dabei werden spezielle Förderprojekte für die Kreativwirtschaft entwickelt.

Oder schauen wir nach Nordeuropa. Norwegen, Schweden, Finnland, Dänemark und Island haben sich sogar transnational verbündet und das sogenannte Nordic Innovation Center gegründet. Damit soll über Ländergrenzen hinweg die Kreativwirtschaftsförderung nach vorne gebracht werden.

Bei solchen Vergleichen stehen wir heute in Deutschland ziemlich dumm da. Dabei hat alles mal ganz ordentlich angefangen. Nordrhein-Westfalen war in den 1990er Jahren einmal in Europa der Ausgangsort der Debatte um die Kreativwirtschaft, 1992 gab es hier den ersten Kulturwirtschaftsbericht überhaupt und 1999 in Essen auf der Zeche Zollverein den ersten Kongress zur Kulturwirtschaft.

Allerdings braucht man ein bundesweit gebündeltes Vorgehen in Sachen Kreativwirtschaft. Dieses Defizit muss behoben werden, damit der größte europäische Binnenmarkt auch durch die Kreativwirtschaft wieder Anschluss findet und profitieren kann – und zwar wirtschafts-, struktur- und arbeitspolitisch. Herz dieses Wachstums müssen Wissen, Kultur und Innovation sein.

Ein Beispiel dafür ist der Strukturwandel im Ruhrgebiet. In der ehemaligen Region, in der Kohle und Stahl den Pulsschlag vorgegeben haben, wächst nun die Kreativwirtschaft. Das zeigen wir auch modellhaft bei der Kulturhauptstadt Ruhr 2010.

Nur eine Verzahnung lebensfähiger – und damit meine ich aus sich selbst heraus am Markt wirtschaftlich lebensfähiger – kreativwirtschaftlicher Start-ups und etablierter Kunst- und Kulturbetriebe kann die Region auch in ökonomischer Hinsicht nach vorne bringen. Das wäre eine konzeptionell schlüssige Förderung der Kreativwirtschaft. Jüngere Studien der OECD-Staaten prognostizieren zudem ein jährliches Wachstum von über 10 Prozent für die jeweiligen Volkswirtschaften. Zwar gibt es die Kreativen – auch in Deutschland. Aber wir müssen sie besser vernetzen und ihnen ein Umfeld bieten, damit sie sich zu einem wichtigen wachstumsorientierten Leitmarkt der europäischen Zukunft mausern können.

Ein Trend übrigens, der weltweit auszumachen ist. Denn: Wie sieht sie aus, die urbane Gesellschaft der Zukunft? Und wer sind die Impulsgeber? Welche Regionen und Städte gelten für junge engagierte und kreative Menschen und Unternehmer als attraktiv? Dazu gibt es eine Studie. Sie heißt: »Was Städte sexy macht«. Zusammengefasst kommt dabei heraus: Wachstum und Jobs entstehen dort, wo sich kreative Menschen zusammenschließen. Und diese Menschen siedeln sich dort an, wo vier Faktoren zusammenspielen: Technologie, Talent, Toleranz und vor allem Kultur. Und diese vier Faktoren treffen auf die Kulturhauptstadt 2010 zu. Denn dort werden Keimzellen für künstlerische Entfaltung und Kreativwirtschaft gefördert. Kennzeichnend dafür sind: Urbanität, Vernetzung und Kommunikation, Kapitalmarktzugang, verbesserte Kundenstruktur, Bildung sowie Tourismus.

Eine solche Kreativwirtschaft hat auch in Deutschland das Potenzial, ein Leitmarkt zu werden. Ich rede von einer Kreativwirtschaft, die den Anspruch erhebt, mit der Kultur und der Kunst zusammen ins Zentrum urbaner Entwicklung zu treten. Ralf Zilligen, ehemaliger Verantwortlicher der Kreativagentur BBDO in Düsseldorf, bringt es ähnlich auf den Punkt: »Früher standen die Staaten im Wettbewerb um Rohstoffe zueinander, dann Industrien und Unternehmen um Konsumenten. Heute sind es die Kommunen um Talente.«

Respekt

Angesichts dieser Entwicklung ist eines nicht verzichtbar: Respekt.

Kreativität und Unternehmertum können nicht gedeihen, wenn übertriebene Bürokratie die Fesseln zu eng schnürt. Überregulierung führt immer in die Irre, gerade auch bei der Entwicklung der digitalen Wirtschaft. Es gibt eine aktuelle Diskussion um das geistige Eigentum. Doch die ist leider von Entscheidungen gekennzeichnet, die es den Kreativen und Künstlern schwer machen. Ich nenne dabei nur das Urheberrecht.

Dieses Recht schützt eine Idee. Und genau diese Ideen werden in den kommenden Jahren wichtig sein für unsere Volkswirtschaft. Doch die Menschen mit diesen für uns alle wichtigen Ideen müssen auch anständig und fair entlohnt werden. Kurz: Kreative müssen es sich auch leisten können, kreativ zu sein.

Es geht um Respekt vor geistigem Eigentum im digitalen Zeitalter.

Deshalb ist die Diskussion über das Urheberrecht dringend angezeigt. Der Schutz des geistigen Eigentums ist die Grundlage der gesamten Kreativwirtschaft – vom Film über Musik bis hin zu Verlagen und Software. Eine Ökonomie aus kreativen Werken kann nur entstehen, wenn es ein wirksames Urheberrecht gibt. Doch das haben wir heute nicht. Ein Beispiel: Musiknutzung.

Von 1995 bis 2005 hat sich die Nutzung über CD- oder MP3-Player von 14 auf 45 Minuten mehr als verdreifacht. Musik ist für Menschen ein sehr elementares Gut. Doch dann müssen wir auch eine elementare Debatte führen. Und zwar über den Respekt vor denen, die dafür sorgen, dass man solche schönen Momente erleben kann. Wenn das Gut Musik so eine zentrale Bedeutung einnimmt, dann müssen wir auch sagen: »Das ist mir etwas wert.« Dann müssen wir eine Respekt-Debatte führen, da sonst Musik in der heutigen Form nicht mehr möglich ist. Damit die Kreativwirtschaft ein Umsatzbringer der Zukunft ist – und wie bereits beschrieben, werden wir das brauchen –, müssen wir die Idee durch ein praktikables Recht schützen.

Dabei soll nicht eine Profitmaximierung gegen Verbraucherschutz stehen. Das ist für mich zu kurz gegriffen. Wir brauchen eine aussöhnen-

Dieter Gorny

de Debatte zwischen Kunst und Ökonomie. Und es geht dabei auch um Bildung. Menschen müssen lernen, dass Kreativität, dass eine Idee etwas kostet. Bei den illegalen Downloads scheint sich dabei eine gewisse Abkehr von dieser »Geiz-ist-Geil-Mentalität« abzuzeichnen. Und dafür war sehr viel Arbeit erforderlich. Ganz nach dem Leitmotto des italienischen Philosophen Thomas von Aquin: »Für Wunder muss man beten, für Veränderungen muss man arbeiten.« Und wir in der Musikindustrie haben gearbeitet.

Es kommt neue Bewegung in unsere Industrie, gerade weil wir nicht aufgehört haben, die ständigen und auch massiven Verletzungen des Urheberrechts anzuprangern. Viele haben uns deshalb belächelt und Jammerei vorgeworfen. Aber abgerechnet wird zum Schluss. Zwar gab es immer noch weit mehr als 300 Millionen rechtswidriger Song-Downloads allein in Deutschland im vergangenen Jahr, aber zeitgleich steigt die Zahl der legalen Käufe von Musik über das Netz. Der Download-Markt legte 2007 um fast 40 Prozent zu. Der Absatz von CD-Alben stagnierte, was angesichts der Absatzrückgänge vergangener Jahre ein Erfolg ist. Und diese Zahlen belegen, dass es sich durchaus lohnt, auf Missstände hinzuweisen und Menschen zu erläutern, wohin dieses rechtswidrige Verhalten führt. Aber das allein reicht nicht aus.

Die Betrachtung des Internets als »Umsonst-Medium« muss aufhören. Denn illegale Downloads sind Diebstahl. Und da ist auch die Politik gefragt. Die Copyright-Debatte muss auf ein neues Niveau in wirtschaftspolitischer, strukturpolitischer und kultureller Hinsicht gehoben werden. Denn das, was wir im Musikbereich gerade erleben, ist längst dabei, auf andere Sparten überzugreifen. Schauen Sie sich den Bereich Kino an, den Buchmarkt oder den Printmarkt. Und wo wir gerade bei anderen Sparten sind: Nehmen wir die derzeit erbittert geführte Diskussion angesichts der Online-Präsenz der öffentlich-rechtlichen Sender. Wir geben aus einem bestimmten Demokratieverständnis sieben Milliarden Euro für diese Sender aus. Und das, obwohl sie schon an eineinhalb Generationen vorbeisenden. Diese jungen Menschen holen sich nämlich ihre Informationen aus dem Netz. Und deshalb müssen auch die Abwehrgefechte der, sagen wir mal, »alten Welt« aufhören. Denn es kann bei dieser Debatte nicht um den Transport gehen, sondern es muss um Inhalte gehen.

Illustriert für die Musikindustrie würde das heißen: »Wichtig ist der Song – ob digital oder per Brieftaube.« Meine konkrete Forderung lautet: Qualität und Ordnung müssen akzeptierte Bestandteile der digitalen Welt werden. Alle Medien – und hier auch das Radio – müssen sich aufgrund der Digitalisierung auf unterschiedliche Nutzungswege und Individualisierung einstellen. Denn heute lautet die Devise: »Der Wille der Leute zählt.« Die Zeiten, in denen die Menschen auf eine Sendung warten und darauf ihre individuellen Planungen abstimmen, sind ein für alle Mal vorbei. Es ist Realität, dass die Konsummöglichkeiten und auch die Konsumhaltungen sich rasant und tiefgreifend verändert haben.

Viele Jugendliche haben gar keinen Fernseher mehr und schauen auch nicht mehr ARD oder ZDF, sondern surfen durch Filmdatenbanken, in denen sie bis zum Kinderporno alles finden können. Das ist die Dimension, um die es derzeit geht. Und wir sind gut beraten, wenn wir die Debatte im Zuge der Digitalisierung ein paar Etagen höher aufhängen – auch in der Politik. Eine Antwort etwa der Musikindustrie auf dieses veränderte Konsumverhalten ist der im Aufbau befindliche personalisierbare Online-TV-Service Putpat. Diese Plattform ermöglicht im Internet den Usern die einfache Suche nach Inhalten.

Angesichts dieser Entwicklung in allen Bereichen fassen die jüngsten Schritte in Richtung Verfolgung von Internetpiraterie und die Regelungen zur Vorratsdatenspeicherung in allen Belangen zu kurz. Sie bieten für die Rechte von Autoren im Internet keinen ausreichenden Schutz und verfehlen das Ziel der EU-Vorgaben vollständig. Urheber haben keinen eindeutigen zivilrechtlichen Anspruch auf Herausgabe notwendiger Daten zur Identifizierung von Internet-Rechtsverletzern. Damit läuft das Gesetz ins Leere.

Statt die Probleme zu lösen, wirft der jetzt vorliegende Gesetzentwurf viele neue Fragen auf und verlagert die Kosten der Rechtsverfolgung auf die Seite der Geschädigten. Eine, wie ich finde, wirkungsvolle und zugleich charmante Regelung stammt aus Großbritannien. Sie funktioniert ähnlich wie das Punktekonto für deutsche Verkehrssünder in Flensburg.

Dieter Gorny

Wenn der User illegale Handlungen im Internet vornimmt, soll er dafür Punkte bekommen, und ab einer gewissen Anzahl ist dann beispielsweise die Bandbreite reduziert, oder der Internetzugang im Haus wird für drei Monate gesperrt.

Eine wirtschaftlich erfolgreiche Kreativwirtschaft braucht als Grundlage starke und faire Regeln zum geistigen Eigentum. Und das ist grundsätzlich: Denn eine erfolgreiche Kreativwirtschaft ist die Grundlage für unseren künftigen Wohlstand.

Deshalb müssen wir klarmachen, welchen Stellenwert das Urheberrecht als soziales, wirtschaftliches und kreatives Werkzeug hat. Und zwar bei Konsumenten, Kreativen und der Industrie. Und wir müssen für einen Ausgleich eintreten: der Schutz des geistigen Eigentums und die Interessen und legitimen Wünsche der Verbraucher.

Wir brauchen also Respekt, Mut, Fortschritt und Wandel – für neue Wege im Kunst-, Kultur- und Ökonomieverständnis. Wir brauchen eine neue Bildungsdebatte. Und wir brauchen einen neuen Kunstbegriff.

Kunst, Kreativität und Wirtschaft müssen zueinanderfinden – und nicht Gegensätze sein. Erst dann werden sie die Grundlage für ein zukünftiges gesellschaftliches, wirtschaftliches und kulturelles Wachstum.

Wir brauchen eine Diskussion über die Kreativwirtschaft. Sie braucht unsere Unterstützung für mehr wirtschaftliche Entfaltung – und letztlich für mehr Arbeitsplätze und damit mehr Wertschöpfung.

Wir brauchen den Leitmarkt Kreativwirtschaft

Das alles ist zwingend nötig, damit Deutschland und Europa nicht die Verlierer der Globalisierung werden. Der vor rund 150 Jahren gestorbene deutsche Dramatiker und Lyriker Friedrich Hebbel sagte einmal: »Es gehört oft mehr Mut dazu, seine Meinung zu ändern, als ihr treu zu bleiben.« Und dieser Mut zur Veränderung muss auch Ziel unserer Zeit des Umbruchs sein.

Epilog:
Die größte Idee von allen
ist die Idee
der Selbständigkeit

Zu guter Letzt noch ein Hinweis auf eine der ersten Kreativwirt-schaftsstudien, die erstellt wurden – kurz nach dem Zweiten Welt-krieg. Für sie zeichnete der in den USA forschende österreichische Öko-nom Fritz Machlup verantwortlich. Er hat den Begriff der Wissensöko-nomie und Informationsgesellschaft geprägt.

Anders als Richard Florida trennt Fritz Machlup den Begriff Kreativ-wirtschaft nicht in einen schöpferisch-intellektuellen und einen repro-duzierenden Begriff, also in Denker und (vermeintlich »nur«) Ausfüh-rende. Für Machlup ist Kreativität selbständiges Denken und Handeln, Entscheiden auf der Grundlage des eigenen Wissens. Hier liegt wahr-scheinlich der Schlüssel für die Antwort darauf, was kreativ ist: Machlup untersuchte Ende der 1940er Jahre die Arbeitsabläufe von New Yorker Krankenschwestern. Er wollte herausfinden, ob sie effizienter arbeiten würden, wenn ihnen mehr Freiräume im Arbeitsablauf gewährt werden.

Kurz und gut: Selbständige arbeiten effektiver. Und sie sind per se kreativer. Dabei ist entscheidend, dass die möglichen kreativen Potenziale nicht durch die vollständige Integration in Organisationen aufgehoben werden. Das ist zunehmend dort der Fall, wo Selbständige als sogenann-te »Scheinselbständige« die zum Auslaufmodell der Industriegesellschaft gehörenden Angestellten ersetzen. Die Politik, zumal in Deutschland, misst hier mit zweierlei Maß: Selbständigkeit gilt als Ausnahmezustand und wird dementsprechend kaum beachtet.

Alles konzentriert sich auf Arbeitswelten, die der Vergangenheit ange-hören und deren Erhalt enorm teuer ist, weil geradezu pathologisch ihre

Aufrechterhaltung – und damit die Legitimation überholter Sozialpolitik – betrieben wird. Eine neue Sozialpolitik, die integriert und tatsächlich allen Produzenten, gleich welcher »sektoralen« Zuordnung, gerecht wird, steht aus. Zunehmende Selbständigkeit wird diese Problemlage dennoch überwinden. Denn die grundlegende Definition, die Machlup vornahm, bedeutet, dass die Problemlösung ein integrativer Teil der selbständigen Arbeit ist.

Anders gesagt: Ideenarbeiter ist, wer anzuwenden weiß, was er kann. Das ist kein elitäres Konzept, sondern eines, das auf Selbstbewusstsein baut, persönliche Autonomie. Kurz: Wissensarbeit ermöglicht mehr Freiheit.

Freiheit und Kreativität gehören zusammen, auch das kann man bei Richard Florida nachlesen: »Kreativität ist ein Grundelement der menschlichen Existenz«, schreibt er, »ein breit angelegter sozialer Prozess, der Zusammenarbeit erfordert. Sie wird stimuliert durch menschlichen Austausch und durch Netzwerke. Sie findet statt in tatsächlichen Gemeinschaften und an realen Orten.«

Es wird an uns liegen, ob wir das kreative Potenzial entfalten, die Menschen also mit Ideen bei uns halten können. Ob wir uns von überkommenen alten Denkstrukturen trennen oder ob wir weiter wie bisher lieber in der scheinbar so wohlgeordneten alten Welt des Industrialismus verharren. Der Preis für den Erhalt dieser Welt von gestern wird hoch sein. Was zu gewinnen ist, ist eine bessere Welt, die den Mut beweist, Neues zu versuchen, statt sich ängstlich ans Alte zu klammern.

Oder hat jemand eine bessere Idee?

Wolf Lotter

Über die Autoren

Wolf Lotter ist Autor und Redakteur beim Hamburger Wirtschaftsmagazin *brand eins*. Er ist ein gefragter Redner und Autor bedeutender Bücher zum Thema Neue Ökonomie und Wissensgesellschaft.

Lutz Engelke ist Geschäftsführer der Triad GmbH in Berlin, einer der erfolgreichsten internationalen Event-Agenturen. Informationen zu den in seinem Beitrag beschriebenen Objekten finden sich unter www.triad.de.

Peter Felixberger ist Buchautor und Publizist. Er gründete das Online-Magazin changeX und war Koordinator des internationalen Diversity-Projektes Culture Counts.

Dieter Gorny ist Medienmanager und Musiker. 1993 gründete er den Musiksender VIVA und war Spitzenmanager bei MTV. Gorny ist Präsidiumsmitglied des deutschen Musikrats und künstlerischer Direktor der RUHR 2010 GmbH. Seit Ende 2007 leitet er den Bundesverband Musikindustrie.

Matthias Horx gilt als einflussreichster Trend- und Zukunftsforscher im deutschsprachigen Raum. Er war Redakteur u. a. bei *Tempo* und der *Zeit*.

Ralf Langwost ist Geschäftsführer des IdeaManagement-Instituts in Frankfurt/Main, das weltweit die Arbeitsprozesse internationaler Top-Kreativer analysiert und in der Creative Professional Ausbildung trainiert. www.ideamanagement.com

Gesa Ziemer lehrt Kulturtheorie und Ästhetik an der Zürcher Hochschule der Künste und ist Dozentin an der F + F (Schule für Kunst und Mediendesign) für Bildtheorie.

Für Ihre Ideen

Für Ihre Ideen

Für Ihre Ideen

Für Ihre Ideen

Lars Reppesgaard
Das Google-Imperium
280 Seiten, ISBN 978-3-86774-046-3

In nur zehn Jahren ist GOOGLE zum erfolgreichsten Unternehmen der Welt geworden. Die Kalifornier schwimmen im Geld und verwenden es, um ihr Imperium mit immer neuen Diensten und Projekten weltweit auszubauen. Der Internetgigant ist der Hauptlieferant für den wichtigsten Rohstoff des 21. Jahrhunderts: Daten. Längst sind wir alle Bewohner des Planeten GOOGLE. Diese Macht wirft Fragen auf: Warum fotografieren die Kalifornier ganze Straßenzüge und scannen Millionen von Büchern? Ist der freundliche Suchmaschinenriese eine Datenkrake? Was weiß GOOGLE über uns? Und was macht GOOGLE damit?

Lars Reppesgaard war bei GOOGLE – in Hamburg, in Zürich und im Googleplex. Er weiß, was GOOGLE kann und will. Er sagt, wie wir GOOGLE nutzen und uns zugleich schützen können. Kenntnisreich und spannend beantwortet er alle wichtigen Fragen zum Phänomen GOOGLE.

»Spannend erzählt Reppesgaard, auf welchen neuen Spielfeldern Google agiert und mit welchen Ideen das Unternehmen jeweils den Erfolg sucht. Es kommt dem Buch zugute, dass er dem Leser nicht vorzugaukeln versucht, er sei ein abgeklärter Beobachter.«
Financial Times Deutschland

MURMANN

Thomas K. McCraw
Joseph A. Schumpeter
Eine Biographie

784 Seiten, ISBN 978-3-86774-037-1

Seine Fragen klingen nach dem 21. Jahrhundert: Wie müssen Menschen und Unternehmen sein, um im globalisierten Wettbewerb zu bestehen? Unter welchen Bedingungen entstehen Wohlstand und nachhaltiges Wachstum? Und welche Rolle spielen dabei Innovationen, Technologie und Kreativität? Die Antworten auf diese Fragen gab Joseph A. Schumpeter bereits vor 100 Jahren. Mit 26 Jahren war er jüngster Professor Österreichs, zwei Jahre später wurde er mit der »Theorie der wirtschaftlichen Entwicklung« über Nacht weltberühmt. Dann war er Finanzminister – und Bankrotteur. Schumpeters Leben gleicht einer Achterbahn mit immer wieder fundamental tragischen Ereignissen.

Thomas K. McCraws preisgekrönte Biographie zeichnet das Leben des großen Ökonomen anhand seiner Schriften nach, darunter auch persönliche Tagebücher und Korrespondenzen, die nie zuvor veröffentlicht wurden. Ihm gelingt das faszinierende Porträt einer schillernden und genialen Persönlichkeit.

»Schumpeters Privatleben war nicht weniger faszinierend als die Botschaft, die er öffentlich verkündete. In *Joseph A. Schumpeter – Eine Biographie* verknüpft Thomas K. McCraw diese beiden Fäden kunstvoll miteinander.« *Wall Street Journal*

MURMANN

Franz Josef Radermacher & Bert Beyers
Welt mit Zukunft
Überleben im 21. Jahrhundert

224 Seiten, ISBN 978-3-938017-86-9

Die Erde ist unter Stress, der Druck auf die Ökosysteme gewaltig. Durch eine exponentielle Bevölkerungszunahme und die weltweite Verbreitung des westlichen Wirtschafts- und Lebensmodells werden lebensnotwendige Rohstoffe immer knapper. Das Biotop des Menschen droht zu kollabieren. Ein »Weiter so!« führt unausweichlich zum Kollaps.

Wie Stephen Hawking mag man davon ausgehen, dass die Menschen ihren Heimatplaneten über kurz oder lang verlassen werden. Franz Josef Radermacher und Bert Beyers sehen diese Option – aber auch andere. Sie plädieren für Maßnahmen, die trotz aller berechtigten Skepsis Hoffnung auf eine Zukunft des Menschen auf diesem Planeten machen.

»Das Buch bietet nicht nur eine pointierte Analyse der globalen Problematik, sondern auch handfeste Lösungen, ohne dabei in Anti-Globalisierungs-Aktionismus zu verfallen.« *Rheinischer Merkur*

»Man mag Radermacher angesichts des ständig wachsenden Machtwillens der Raffzähne Naivität vorwerfen. Aber vielleicht hat ja gerade sein Wort dort Gewicht, wo Argumente sonst nichts mehr wert sind.« *Stuttgarter Zeitung*

»Franz Josef Radermacher verkörpert das Attac der Bürgerlichen. Wenn er auftritt, ist ihm mehrfacher donnernder Applaus sicher.« *Tagesspiegel*

MURMANN